의열투쟁에 헌신한 독립운동가
나창헌

의열투쟁에 헌신한
독립운동가
나창헌

| 조철행 지음 |

┎ 글을 시작하며

　일제강점기에 나타난 한국인의 삶은 여러 종류로 나눌 수 있다. 식민지 체제에 완전 포섭되어 적극적으로 일본인이 되어 사는 것, 식민지체제에 저항적 성향을 가지지만 순응하며 사는 것, 독립운동 전선에 나아가는 것 등이다. 독립운동 전선에 나아가는 것은 시기별로 식민지화 과정의 반식민지화 운동과 식민지 단계의 독립운동으로 나누어 볼 수 있다. 반식민지화 운동은 의병운동과 계몽운동 등으로 일어났고, 독립운동은 반식민지화 운동을 계승하여 국내외에서 끊임없이 일어났다.

　반식민지화 운동은 1870년을 전후하여 태어난 세대가 제1세대의 주류가 되어 독립운동으로 이어졌다. 이어 1890년을 전후하여 태어난 세대가 제2세대를 이루게 되었다. 나창헌은 식민지화된 독립운동의 제2세대에 해당한다. 식민지 근대교육을 받으며 성장한 이들은 일제의 민족차별을 직접 경험하며 식민지 모순을 깨닫기 시작하였다. 특히 민족자결주의와 국제정세의 영향은 이들이 독립운동에 뛰어들게 하는 계기가 되었다. 이들은 독립선언은 바로 독립으로 이루어진다는 낙관적 전망을 가지고 3·1운동에 참여하였다.

3·1운동이 일제의 무력적 탄압으로 좌절되자 민족자결주의는 제1차 세계대전에서 패전한 나라의 식민지에만 적용된다는 사실을 깨닫기 시작하였다. 그리고 독립운동 제2세대는 일본인화되어 사는 길로 나가거나 본격적으로 독립운동 전선에 나가는 등 분화되어 갔다. 나창헌은 3·1운동에 참가한 뒤 무력적 식민지 지배에 대한 투쟁은 오로지 철혈주의에 기초한 의열투쟁만이 독립의 길이라고 판단하였다.

나창헌은 일제가 한반도를 식민지화하려고 동학농민군을 무력으로 탄압하고 을미사변을 일으킨 후인 1897년에 태어났다. 유년시절에 근대교육을 받고 식민지하에서 청년으로 성장하면서 독립만이 나라와 민족이 사는 길이라고 인식하였다.

학생대표로 3·1운동에 주도적으로 참가하면서 시작된 나창헌의 독립운동은 서거할 때까지 한시도 쉬지 않고 진행되었다. 국내에서 조선민족대동단·대한민국청년외교단·대한민국임시정부 연통부 등에서 활동하다가, 상해로 망명하여 철혈단·한국노병회·교민단·흥사단 원동위원부·인성학교·임시의정원·대한민국임시정부·임시대통령 이승만탄

핵심판위원장·정위단·병인의용대·한국유일독립당 상해촉성회 등 많은 조직에서 주도적 역할을 담당하였다.

3·1운동 이후 국내와 상해에서 조직된 독립운동단체에 대한 연구는 상당히 축적되었고, 이에 따라 나창헌의 이름도 빈번하게 등장하고 있다. 그러나 그가 남긴 기록이 거의 없고, 나창헌에 대한 연구 성과도 「나창헌의 생애와 독립운동」(장석흥)이 유일하다. 이 글은 나창헌이 활동한 독립운동단체와 개인 연구를 참조하여 그의 생애와 독립운동을 재구성한 것이다.

나창헌의 독립운동은 의열투쟁에 입각하고 있지만 그의 운동노선의 변화는 세 시기로 나누어 볼 수 있다. 제1시기는 제1차 세계대전 중에 공포된 민족자결주의와 파리강화회의의 개최 소식 등의 영향을 받아 평화적 독립만세운동을 일으킨 것이다. 나창헌은 일제의 식민통치 아래 전 민족적 구성원이 경제적으로 몰락해 갔으며, 정치·결사·문화·언론 등 모든 권리를 박탈당한 상태에서 독립만이 민족해방의 유일한 길이라고 인식하였다. 나창헌은 평화적 독립만세선언과 시위를 통해 독립을 이룰 수 있다고 판단하였다.

제2시기는 평화적 만세시위가 일제의 무력적 탄압으로 좌절되고, 민족자결주의가 결정될 것이라고 믿었던 파리강화회의 등에서 아무런 성과도 거두지 못하자 시위운동을 접고 의열투쟁으로 나아간 것이다. 나창헌은 일제의 무력 진압을 경험하면서 만세시위 같은 비폭력적 대응은 무의미하다는 것을 깨닫고 철과 혈로써 우리의 독립을 완수하자는 의열투쟁을 전개하기 시작하였다. 이는 궁극적으로 10년 동안 군인과 전비를 조성하며 독립전쟁을 준비하는 것이기도 하였다.

제3시기에는 대한민국임시정부 정통론의 입장에 기반을 두고 독립운동전선의 통일을 주창하였다. 그는 임시정부를 민족운동의 최고 지도기관으로 삼았지만, 좌우익 민족운동 전체의 합의를 통해 단일한 민족운동의 최고 지도기관을 이루고자 하였다.

이처럼 나창헌은 3·1운동 이후 서거할 때까지 독립운동의 중심에 서 있었다. 철혈주의에 기반을 둔 그의 의열투쟁은 궁극적으로는 독립전쟁의 시작이었다. 그러나 나창헌의 독립운동 활동상과 노선은 아직까지 그에 대한 연구와 자료의 한계로 온전히 밝히기에는 미흡하다. 나창헌의 독립운동이 추후 자료 발굴을 통해 온전히 규명되기를 바란다.

2015년 12월

조 철 행

┌ 차례

글을 시작하며 4

- 경성의학전문학교를 졸업하다 10
- 학생대표로 3·1운동의 선봉에 서다 17
- 조선민족대동단에 들어가 대동주의를 꿈꾸다 23
- 대한민국청년외교단에 가입하다 30
- 제2회 독립만세운동을 주도하다 34
- 상해에 대동단총부를 설치하다 40
- 철혈단을 조직하다 47
- 국민대표회의를 통해 대동단결을 추구하다 54
- 독립전쟁을 위해 한국노병회에 참여하다 58
- 임시대통령 이승만을 탄핵하다 65
- 임시정부를 지키다 73
- 의열투쟁에 뛰어들다 87
- 좌우익 통합운동에 노력하다 105
- 흥사단을 매개로 활동하다 111
- 병인의용대를 재건 중 서거하다 116

나창헌의 삶과 자취 120
참고문헌 124
찾아보기 128

경성의학전문학교를 졸업하다

나창헌羅昌憲의 출생지는 평안북도 희천군 진면 행천동 577번지와 희천군 동면 갈현동 514번지 등으로, 생년월일은 1896년 1월 29일과 1898년 1월 29일 등에 태어난 것으로 자료마다 다르게 기재되어 있다. 그러나 나창헌이 나세웅羅世雄으로 개명하고 흥사단興士團에 입단할 때 자신이 직접 쓴 이력서에 의하면 평안북도 희천군 진면 행천동에서 1897년 1월 29일에 태어났다. 본인이 직접 작성한 것으로 판단되는 흥사단 입단 이력서의 기록이 가장 정확하다고 할 수 있다. 그러나 현재 국가보훈처에 등록된 나창헌의 생년월일은 1894년 1월 29일로 되어 있다.

그가 태어난 1897년은 조선이 국호를 대한제국으로, 연호를 광무光武로 선포하며 대외적으로 자주독립을 선언한 해였다. 국호의 변경은 이웃국가인 중국과 일본뿐만 아니라 서구열강이 조선을 침략하려는 각축

이 그만큼 치열하다는 것을 의미하는 것이기도 하였다. 이후 광무 10년 간은 대한제국이 내부 개혁을 통해 자주적 근대 국민국가를 만들어가는 과정이었다. 그러나 후발 자본주의 국가인 일본은 러시아의 남하를 막으려는 서양제국주의의 지원을 받으며 조선을 무력으로 식민지화하기 시작하였다. 나창헌의 유년시절은 이렇게 일제의 한국 침략 과정에서 시작되었다.

나창헌의 집안 내력은 잘 알려져 있지 않다. 아버지 나지홍羅祉洪은 20세에 진사시進士試를 합격한 진사였으나, 이후 문과에 급제하여 관직에 나아가지는 않은 것으로 보인다. 나창헌의 집안은 지방의 유력한 가문이라는 명망과 아울러 경제적 기반을 가지고 있었다. 이러한 배경은 나창헌이 신식교육을 받을 수 있는 배경이 되었다.

나창헌은 맏형 나장헌羅章憲과 둘째 형 나성헌羅聖憲, 그리고 동생 나동헌羅東憲과 나경헌羅京[景]憲 등 5형제 중 셋째이며 부인은 이도신李道信[李信道]이다.

나창헌의 두 형은 모두 독립유공자에 서훈되었다. 나장헌은 임시정부와 연락하여 독립운동 자금을 모아 상해로 보내다가 1921년에 체포되어 신의주지방법원에서 징역 1년 6개월을 언도받았다. 이후 옥고를 치르다가 독살되었다고 한다. 정부는 1991년에 나장헌에게 건국훈장 애국장을 추서하였다. 나성헌은 1944년에 임시정부 서무국 국원 등으로 활동하였고, 2011년에 대통령 표창을 받았다.

부인 이도신은 평안북도 강계군 강계면 동부리 962번지에서 태어났다. 이도신은 서울 세브란스병원 의학전문학교 부속 간호부 양성소의

경성의학전문학교

간호부 견습생이었다. 서울에서 만세운동에 참여하였다가 검거되어 경성지방법원에서 1919년 12월 18일에 징역 6개월을 언도받고 서대문감옥에 투옥되어 옥살이를 하다가 1920년 4월 27일에 출옥하였다. 이도신은 2015년에 대통령 표창을 받았다.

3·1운동 당시 나창헌은 경성의학전문학교(경성의전)에 재학 중이었다. 그는 만세운동에 참여하였다가 일본 경찰에게 심문을 받는 동안 고문을 당해 병을 얻어 병보석으로 풀려났다. 나창헌은 1919년 7월경에 세브란스병원에 입원하였는데, 이때 간호부인 이도신과 인연이 되어 부부의 연을 맺은 것으로 추정된다. 그러나 이도신은 20대 초반의 젊은 나이에 상해에서 별세하였다. 이때 호상護喪은 이유필李裕弼·조상섭趙尙燮·

고준택高峻澤·강창제姜昌濟·임득산林得山·김붕준金朋濬 등이 맡았다. 이들은 모두 흥사단 원동위원부 단원들로서 나창헌이 서거할 때까지 동지관계를 유지하였다. 나창헌은 이도신과 사별한 이후 독신으로 살다가 1930년에 김희숙金嬉淑과 재혼하여 외동아들 나중화를 두었다.

나창헌은 1919년 국내활동 당시 왕성준王成俊·강우규姜宇圭라는 별명과 정궤丁几라는 호를 사용하였다. 나세웅은 중국 망명 이후에 사용한 이름이다. 나창헌이 1924년 6월 17일 흥사단에 입단할 때 작성한 이력서에는 1905년부터 1924년까지의 그의 학력과 직업은 〈표 1〉과 같다.

〈표 1〉 나창헌의 학력과 직업

연도	학력·직업	비고
1905~1908	희천일신학교	졸업
1908~1909	영변보통학교	졸업
1909~1910	평양고등학교	수업
1910~1913	경성교원양성소	수업
1913~1914	평양일신학교	교원
1914	영변창의학교	교원
1914~1916	동경최면학회, 일본정신연구회, 중촌최면실 기합술연구소	졸업
1916~1919	경성의학전문학교	수업
1919	일본 수영대학과	졸업
1920~1921	영자술	교수
1922~1924	의원	사업

나창헌은 1905년에 희천일신학교를 입학해 1908년에 졸업하였다. 일신학교는 평양에 소재하였던 일신재日新齋라는 전통교육기관이 전환된 것으로 보인다. 평양 일신학교는 평양 유지의 지원과 지역의 교육 열기 속에서 1904년에 개교하였다. 이후 일신학교라는 명칭은 국내외 한인들이 설립한 학교 이름으로 자주 등장하였다. 일신학교는 일제가 무력으로 체결한 '을사조약' 전에 설립되어 민족학교로서의 성격을 가졌다.

나창헌이 1909년에 졸업한 영변보통학교는 1906년 9월 18일에 학부령 제28호로 공포된 한성부 및 각 관찰부에 소재한 공립 보통학교 14개 가운데 하나였다. 수업연한이 4년인 보통학교는 일제 통감부의 정치가 시작되면서 한국인의 우민화, 일본어 보급의 확대, 친일화 교육의 강화, 일본인 교원의 배치 등을 교육 기본 방침으로 해서 5~6년이었던 소학교의 수업연한을 개편한 것이었다.

이후 나창헌은 3년 과정의 평양고등학교에 입학하였는데, 이는 종래의 중학교 과정에 해당한다. 관립평양고등학교는 1909년 3월 24일에 공포된 학부고시 제2호에 의해 관립평양일어학교가 개칭된 것이다. 고등학교 3년 과정을 마치고 졸업하려면 1911년 2월이 되어야 하고, 졸업하자마자 교원양성소에 입학해야 하였다. 따라서 1910~1913년에 경성교원양성소에 다닌 것으로 기록한 것은 착오로 보인다.

더욱이 경성교원양성소는 경성고등보통학교 부설 임시교원양성소규정에 의해 1913년 3월에 설립되었는데, 1부는 고등보통학교 1년 수료 정도, 2부는 고등보통학교 졸업 정도의 학력을 입학 자격으로 하고, 전자는 3년, 후자는 1년을 수업연한으로 하여 초등교원을 양성하는 과정

조선총독부의원(대한의원)

이었다. 따라서 나창헌은 고등보통학교 3년 과정을 마친 경력과 교원양성소를 1913년에 1년 과정으로 수료한 경력으로 일신학교와 영변창의학교 교사로 재직하였을 것이다.

　나창헌은 1914년에 일본으로 유학하여 정신과에 관련한 과정을 2년간 수학하고 돌아왔다. 이후 1916년 경성의학전문학교에 입학하였고, 3·1운동 당시에는 2학년에 재학 중이었다. 경성의전은 1905년 일제가 통감부를 설치하면서 대한제국의 의료기관을 통폐합하면서 만든 의학전문학교였다. 일제는 1907년 대한제국의 광제원의학교와 대한적십자병원을 통합하여 대한의원을 설립함으로써 의료기관을 장악하였다. 대한의원에는 치료부·위생부·교육부를 두었는데, 교육부는 1909년에 대한의원 부속의학교로 개칭되었다. 대한의원과 부속의학교는 일제강점 이후 총독부의원과 그 부속 의학강습소로 개편되었다. 이 총독부의원 부속 의학강습소는 1916년에 경성의학전문학교로 개칭되었다.

 비교적 부유한 경제적 기반을 가진 지방유지 집안에서 태어난 나창헌은 신학문을 배우고 일본 유학을 다녀오면서 선진 일본문화에 압도되기보다는 식민지 피압박 민족의 모순을 직접 체험하게 되면서 민족의식을 더욱 일깨웠다. 이는 3·1운동에 뛰어들면서 분출되었다. 이렇게 나창헌은 독립운동에 첫 발걸음을 내디뎠다.

학생대표로 3·1운동의 선봉에 서다

3·1운동이 전국적·전 민족적 규모로 확산되면서 한국 독립운동은 분기점에 서게 되었다. 나창헌은 경성의전 학생대표로 선출되어 서울 소재 학교 학생들의 3·1운동을 계획하고 추진을 주도하였다. 그는 동경 한국 유학생들의 2·8독립선언 계획을 국내에 전파하여 3·1운동이 더욱 고조되고 확대되도록 하는 가교 역할을 하였다.

나창헌은 일찍이 정신요법에 관심을 갖고 일본으로부터 통신과정으로 교수를 받고 있었다. 그 무렵 일본의 『태영도太靈道』라는 잡지를 발간하는 잡지사에서 1919년 1월 18일부터 28일까지 정신요법 강습이 있다는 것과 일본 동경 지구芝區에 있는 정신연구회에 언제든지 입회할 수 있다는 사실을 알고 1918년 12월 20일경에 동경으로 떠났다. 나창헌은 1919년 1월 7일부터 정신연구회에 입회하여 1월 18일부터 28일까지 태영도에서 주관한 강습을 들었다. 그리고 2월 1일 부산에 상륙하여

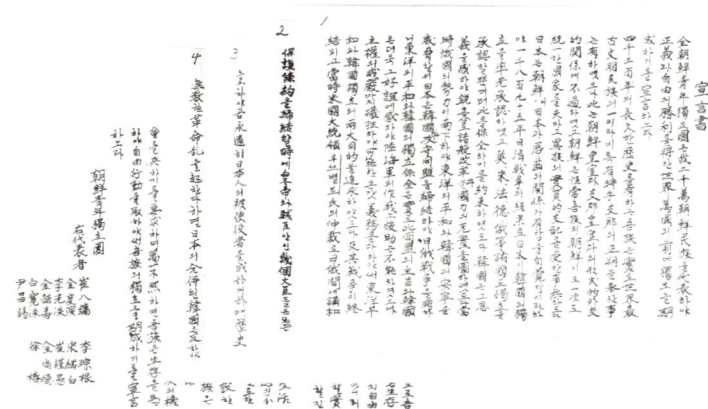

2·8 독립선언서

2일 서울에 도착하였다.

나창헌은 동경의 한국 유학생들이 주도한 2·8독립선언에 직접 참여하지는 않았지만 이러한 유학생들의 움직임을 국내로 전파하는 매개 역할을 하였다. 동경의 한국 유학생들의 2·8독립선언은 3·1운동을 직접적으로 촉발시켰다. 미국 대통령 윌슨이 제기한 민족자결주의 원칙이 파리강화회담에서 발표된다는 소식이 전해지자 미국에서 이승만李承晩·민찬호閔贊鎬·정한경鄭漢景이 한국 민족대표로 파견될 것이라는 보도가 일본의 한국 유학생들에게 전해졌다. 이 소식은 2·8독립선언에 큰 영향을 미쳤다.

이에 일본의 한국 유학생들은 일본유학생학우회 송년회와 12월 30일에 열린 동서통합웅변대회에서 조국독립을 위한 실천운동을 일

3·1 독립선언서

으킬 것을 결의하였다. 유학생들은 동경 조선 YMCA회관에서 1919년 1월 6일에 개최된 웅변대회를 통해 일본 내각과 일본의 각국 대사에게 독립 청원을 요구하기로 결정하였다. 그리고 1월 7일에는 서춘徐椿·윤창석尹昌錫·이종근李琮根·최근우崔謹愚·전영택田榮澤·김상덕金尙德·백관수白寬洙·최팔용崔八鏞·송계백宋繼白·김도연金度演·백남규白南奎 등 11명을 유학생 대표로 선출하여 실행위원을 구성하였다.

이 무렵 중국 상해에서는 신한청년당이 김규식金奎植을 파리강화회의 대표로 선정하여 파리로 파견하였고, 동경에는 이광수李光洙와 장덕수張德秀 등을 파견하였다. 실행위원들은 김철수金喆壽와 이광수를 실행위원으로 보선하고 비밀리에 조선청년독립단을 조직하였다. 그리고 이광수는 조선청년독립단 명의로 독립선언서와 결의문을 작성하고 이를 일본어와 영어로 번역하여 인쇄하였다.

　1919년 2월 8일, 유학생들은 오전 10시경에 독립선언서와 결의문, 민족대회소집청원서를 일본정부와 일본에 주재한 각국대사관, 일본 귀족원과 중의원, 각 신문사와 잡지사 등으로 발송하였다. 오후 2시에는 동경 YMCA회관에서 400여 명의 남녀 유학생이 참가한 가운데 조선청년독립단대회를 개최하였다. 나창헌은 1919년 1월 29일에 동경으로 출발하였기 때문에 2·8독립선언 추진 과정의 전반적인 내용을 알고 귀국하였다. 학생대표였던 나창헌은 3·1운동의 추진 과정에서 학생들에게 일본의 한국 유학생들이 2·8독립선언을 준비하고 있다는 실상을 전하였다.

　3·1운동은 천도교인, 기독교인, 학생 등이 별도로 준비하였다. 학생들은 기독교청년회YMCA 간사 박희도朴熙道, 연희전문학교생 김원벽金元璧, 보성전문학교생 강기덕康基德, 경성의학전문학교생 한위건韓偉健, 보성전문학교 졸업생 주익朱翼 등이 1919년 1월 6일에 독립선언과 만세시위운동에 대해 논의하였다. 이때 박희도는 천도교와 기독교가 연합하여 독립운동을 준비하고 있으니 학생들도 같이 활동할 것을 제의하였다.

　나창헌은 2월 20일경에 경성의전 강당에서 2학년 동급생들에게 파리강화회의 및 민족자결주의의 내용과 유학생들의 독립선언 계획을 알리면서 학생들도 만세운동에 참여할 것을 촉구하였다. 이에 각 학교대표들은 승동예배당에서 제1회 학생간부회의를 개최하고, 여기서 종교계의 3·1운동 계획에 동참할 것을 결정하였다.

　나창헌을 포함한 세브란스의전 이용설李容卨과 전수학교 박윤하朴潤夏 등 20여 명은 이필주李弼柱의 집에서 2월 25~26일에 제1회 만세운동에 이어 제2회 만세운동을 강기덕康基德과 김원벽金元璧 등이 중심이 되어 추진하기로 결정하였다. 나아가 제1회와 제2회 독립운동에서 체포를 면한 사람들은 그 뜻을 굽히지 말고 더욱 더 독립운동을 전개함으로써 독립달성의 최후 목적을 이루자고 결의하였다.

나창헌은 1919년 3월 1일에 탑골공원에서 거행된 독립선언식에 참가한 후 거리로 나와 독립만세 시위운동에 참가하고, 제2차 만세운동을 준비하려다가 1919년 3월 2일에 하숙집에서 일본 경찰에 체포되었다.

3·1운동 이전에 나창헌이 일제식민지가 된 민족의 현실을 어떻게 인식하고 해결하려 하였는지 알 수 있는 자료는 발견되지 않고 있다. 다만 하숙집에서 체포된 뒤에 작성된 제1회 신문조서를 통해 유추해 볼 수 있다. 그는 "조선 사람이 독립의 희망을 가지고 있다는 것을 세상에 알리게 되면 독립이 될 것"이라고 전망하였기에 3·1운동에 참가하였다고 밝혔다. 요컨대 그는 독립 의지를 표명하면 민족자결주의원칙에 따라 독립이 이루어질 것이라는 낙관적 정세에 기반하고 있었던 것이다. 그리고 나창헌은 일제의 무력적 식민지체제는 한국 사람이 몰락할 수밖에 없는 구조라고 하면서 다음과 같이 말하였다.

> 조선 사람과 일본 사람이 완전히 동화할 수 있다면 그 이상 좋은 일은 없겠으나 현재의 상황이 그대로 간다면 조선 사람은 생존경쟁에 패해 버릴 것이라고 생각하였다. 또 강화담판(파리강화회의 – 필자 주)에서 민족자결주의를 표방한 이때에 조선은 독립하여 일본과 제휴하여 동양평화를 위하여 진력하는 것이 좋다고 생각하고 찬성을 한 것이다.

동대문 앞에서의 3·1만세운동

　나창헌은 식민지로 전락한 지 10년이 경과한 시점에서 조선인은 일제의 식민정책으로 인해 생존경쟁에서 도태될 수밖에 없다고 인식하였다. 실제로 3·1운동의 주요 발발 원인은 전 민족 구성원의 경제적 몰락뿐만 아니라 정치, 문화, 언론 등 모든 국민의 기본 권리가 박탈당한 것이었다. 나창헌은 일제의 식민지 현실에서는 독립을 하지 않고서는 모든 불평등에서 벗어날 수 없다고 보았다. 조선이 독립되어야만 진정한 동양평화가 이루어질 수 있다고 판단한 것이다. 그리고 앞으로도 계속 독립운동을 할 생각을 가지고 있는지를 묻는 일본인 판사의 질문에도 현재와 같은 상태가 지속된다면 계속 실행할 것이라고 당당히 밝혔다.

조선민족대동단에 들어가 대동주의를 꿈꾸다

1910년대에 진행된 독립운동은 일제 헌병에 의한 무력적 무단통치에 의해 가혹한 탄압을 받아 국내에서는 비밀결사로 겨우 명맥을 유지하고 있었다. 국외로 망명한 독립운동가들도 이주 지역의 한인사회를 중심으로 본격적 독립운동을 준비하기 시작하였다. 이처럼 1910년대의 독립운동은 국내에서는 거의 불가능하였다. 그러나 3·1운동이 일어나면서 국내에 비밀결사가 100여 개 넘게 조직되었다. 나창헌도 이때 결성된 비밀결사에 가담하여 독립운동을 계속하였다.

 3·1운동 다음 날에 체포된 나창헌은 서대문감옥에 미결수로 수감되었다. 서대문감옥에서 1919년 5월 19일자로 진행된 제3회 신문조서를 보면, 그는 병보석으로 출옥하여 세브란스병원에 입원하고 있었다. 이때 정남용鄭南用이 찾아와 조선민족대동단朝鮮民族大同團(대동단)에 가입할 것을 권유하며 전협全協 등에게 나창헌을 소개하였다. 나창헌은 정남용

의 방문 뒤에 병원에서 탈출하여 1919년 8월경에 대동단에 입단하였다. 일제는 보석 중인 나창헌을 포함한 142명을 1919년 3월 2일에 재판하였는데, 이때 나창헌은 궐석재판으로 징역 7개월을 언도받았다.

대동단은 3·1운동의 영향을 받아 1919년 3월 중순경에 전협과 최익환崔益煥 등이 주도하여 서울에서 전 민족과 전 계층의 대동과 실력양성을 통한 독립을 목적으로 조직되었다. 대동단의 이념은 대동주의大同主義였는데, 최익환은 "정의 인도는 세계에 동일한 것이고 조선인도 이 크나큰 정의 인도 아래 단결하여 나가자"는 뜻으로 대동주의를 해석하였다. 대동단은 전 민족과 전 계층을 황족·진신縉紳·유림·종교·교육·상공·노농·청년·군인·부인·지역 구역 등 11개단으로 분류하고, 우선 진신·유림·상공·청년을 단원으로 끌어들이고자 하였다. 그러나 진신과 유림 계층의 대부분 인사들이 냉담한 태도를 보여 이들을 단원으로 포섭하는 일은 소기의 성과를 거두지는 못하였으나, 양반 관료 출신인 김가진金嘉鎭의 영입을 성사시켜 그를 총재로 추대하였다.

한편 상공 계층은 보부상을 주축으로 조직한다는 방침 아래 보부상인 양정楊楨을 중심으로 단원을 모집하였다. 보부상인 36명을 단원으로 모집해 전국 13도에 파견할 계획이었지만 자금 문제를 충족시키지 못해 부진을 면치 못하였다. 대동단은 단원 확충이 성과를 거두지 못하자 총재 김가진, 인사·문서편집 최익환과 정남용, 배달책임 권헌복權憲復, 출자자 권태석權泰錫 등에게 역할을 분담하는 데 만족할 수밖에 없었다. 이는 대동단이 애초 목표한 조직의 대강인 기관機關을 살펴보면 초기 조직에 비해 얼마나 축소되었는지를 알 수 있다. 조직 구성은 크게 중앙의 중추조직인 중견기관과 필요에 따라 조직되는 부설기관으로 나누어졌다.

중견기관은 총재 아래 통재부統宰部 · 기밀부機密部 · 추밀부樞密部 · 상무부商務部 · 외무부外務部 · 재무부財務部 · 무정부武政部 등 6부로 구성되었다. 그리고 부설기관은 국민의사회 · 민권위원회 · 통신위원회 · 제도연구위원회 · 기관신문사 · 국민대회 · 국민외교위원회 · 국민경제동맹회 · 의용단 · 군인교육회 등을 두었다.

부설기관은 각기 업무와 관련된 중견기관의 감독하에서 운용되도록 하였다. 특히 국민의사회는 지방구역단체 · 종교단 · 교육단 · 유림단 · 진신단 · 군인단 · 상공단 · 청년단 · 노동단 등의 사회대표위원으로 구성되도록 하였다. 이와 같이 대동단의 기관 구성은 정부적 기구를 방불케 하는 이상적 전단傳單의 성격을 가졌다. 대동단은 이 같은 기관의 성안을 마련한 뒤에 1919년 5월 20일자로 선언서 · 방략 · 강령 · 결의決議 등을 채택하였다.

최익환이 기초하고 전협과 상의를 거쳐 완성된 대동단의 선언서에 다음과 같은 성립 취지를 밝혔다.

반만년 역사의 권위에 의지하여 인류 대동의 새로운 요구에 응하려 하며, 세계 평화의 대원칙을 준수하고 정의 인도의 영원한 기초를 확립하고자 먼저 조선독립을 선포하였다. 그리고 우리 전 민족의 일치 동작으로써 10대 사회 각 단체와 각 지방구역에서 선출된 인원을 통일 · 종합시키기 위해 본단을 조직하고 우리 민족의 영세永世의 귀추인 3대 강령을 내세워 이를 세계에 선언하는 바다.

대동단 단장 전협

대동단 선언서는 3·1운동 준비 과정에서 민족대표가 전 민족의 의사를 수렴하여 결집하지 못하였던 한계를 극복하기 위한 성격도 갖는다. 이렇게 대동단은 우리 전 민족의 대동단결을 우선적 과제로 삼아 이를 해결하고 그 구심적 역할을 수행하고자 하였다.

대동단은 "조선 영원의 독립을 완성할 것, 세계 영원의 평화를 확보할 것, 사회의 자유발전을 널리 실시廣博할 것" 등을 강령으로 하였다. 강령은 독립·평화·자유에 입각한 동단의 기본 입장을 밝힌 것이다. 이 강령 가운데 '사회의 자유발전을 널리 실시할 것'이라는 조항은 1919년 9월에 임시규칙이 제정될 때 '사회주의를 철저적으로 실행할 것'으로 바뀌었다. 여기서 사회주의는 봉건적 사회지배 질서를 타파하고 민주사회로의 지향을 의미하는 사회의 자유발전을 표현한 것이라 할 수 있다. 그리고 강령에 대한 구체적 실천 요목인 다음과 같은 6개항의 결의를 밝혔다.

1. 3대 강령을 몸소 실현하여 일본정부로부터 조선통치의 현재 시설을 완전히 인계하고 총독정치를 철거하여 온건한 사회발전의 시설을 시행할 것.
2. 파리만국강화회의에 참석할 우리 대표위원을 고무하여 열강에게 우리 조선독립을 공인시키고자 연맹에 가입할 것.

3. 완전한 독립정부를 성립할 때까지 임시정부를 원조하고 국민사무를 처리할 것.
4. 일본이 우리 민족의 독립시설에 대하여 포학한 무력으로써 억압하던 것을 하루 빨리 철폐하고 아울러 일본군대를 철거할 것.
5. 일본이 우리 조선의 독립을 인정하지 않고 포학을 계속 자행할 때는 하는 수 없이 최후의 수단을 쓸 터인즉, 이에 관련된 결과는 일체 우리가 그 책임을 지지 않을 것임.
6. 외국인의 생명과 재산은 모두 보호할 것.

그리고 행동방침으로 아래와 같은 방략을 채택하였다.

1. 전 민족을 통일하고 고유의 일정 세력을 부식하여 외래의 세력에 의뢰하지 않을 것.
2. 열국의 교의教義를 통람하고 이웃나라와는 우의를 맺어 적 일본을 고립의 궁지로 떨어뜨릴 것.
3. 일본인민으로 하여금 정의 인도를 자각시켜 비인도적 정부를 타도 개조하여 우방으로서의 신교新交를 출현시킬 것.

이처럼 대동단의 방략은 민족주체성의 확립을 내세우면서도 외교론과 인도주의적 입장을 뚜렷이 드러낸다. 이는 실천 항목인 결의에서 파리강화회의의 참가와 국제연맹의 가입, 독립을 완성할 때까지 임시정부의 원조 및 국내의 국민사무를 관장하여 처리할 것으로 표현되었다.

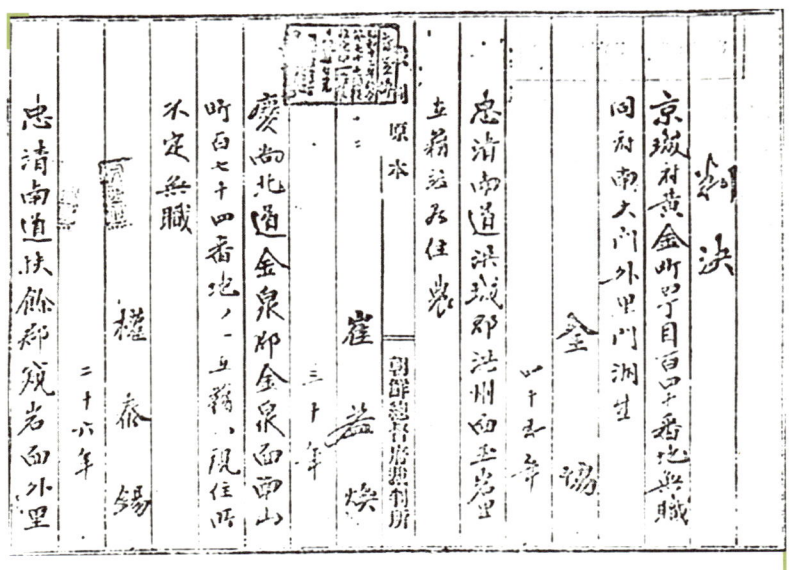
대동단 단장 전협 외 판결문

그러나 최익환과 권태석權泰錫 등이 1919년 5월 하순경에 일본 경찰에 체포되면서 전협과 정남용은 조직의 재정비에 들어갔다. 특히 정남용은 청년층을 대상으로 조직 확대를 꾀하였다. 그러나 나창헌이 대동단에 입단한 1919년 8월경까지 역시 별다른 성과를 거두지는 못하였다.

이후 대동단은 해외 유력인사의 영입과 지방 조직의 확대 등을 꾀하였다. 중국 봉천에 김봉석金鳳錫을 파견하였고, 상해에 있는 신규식申圭植과의 연결을 도모하기도 하였다. 신규식에게는 자금 지원을 하며 대동단의 외교 사무를 담당하게 하였다. 한편 대동단은 1919년 9월경에 윤용주尹龍周의 주선으로 전라북도 지단을 설치하였다. 전라북도 지단은 지단장 박응철朴應喆, 부단장 이병우李炳祐, 서무사庶務司 임수명林守明 등이 이끌었다.

이어 대동단은 명칭을 독립대동단으로 바꾸고 1919년 8월경부터 조직 개편에 들어갔다. 그리고 기존의 기관을 7장 45조항의 독립대동단 임시규칙과 44조항의 세칙細則으로 발전시켰다. 그러나 임시규칙과 세칙도 단원을 전국의 조선민족으로 하고 중앙과 지방의 조직을 일정한 체제로 구획하였다. 또한 대의기관으로 의사회를 설치하고 총재에 대한 탄핵권을 부여하였다. 그러나 이러한 내용은 실제적인 현실과는 동떨어진 것이었다. 이와 같은 조직 방침은 조직 확대를 위한 선전용이거나 전국적 규모를 갖고 있다는 명분을 앞세운 성격을 갖는다.

나창헌은 학생대표로 만세운동을 계획할 때, 제2차·제3차 만세운동을 추진해 나갔다. 그러나 만세운동 바로 다음 날인 3월 2일에 체포되어 버리는 바람에 그의 지도로 만세운동을 계속 추진할 수 없는 상황이 되었다. 나창헌은 서대문감옥에 투옥되고 세브란스병원에서 치료받는 중에 3·1운동 이후 민족대표들과 학생대표들이 체포되어 제2차 만세운동의 조직체가 와해된 상황을 간파하였다. 그때 마침 정남용의 권유로 대동단에 입단하기로 결정한 것이다. 나창헌이 대동단에 가입한 것은 대동단의 비현실적인 조직 노선에 동의해서가 아니라 대동단을 제2차 만세운동을 추진할 수 있는 조직체로 여겼기 때문이다.

대한민국청년외교단에 가입하다

나창헌은 만세운동 계획을 포기하지 않았다. 그가 대한민국청년외교단(청년외교단)에 가입하여 활동하면서도 계속되었다. 청년외교단은 조용주趙鏞周·연병호延秉昊·송세호宋世浩 등이 상해에서 국내로 들어와 안재홍安在鴻·이병철李秉澈 등과 연대하여 1919년 5~6월경에 대한민국임시정부를 지원할 목적으로 조직된 비밀결사였다. 실제로 청년외교단은 1919년 5월에 유럽으로 출발한 조용주의 형인 조소앙趙素昻의 구주외교활동을 지원하였다. 나창헌은 정낙륜鄭樂倫의 소개로 이 단체에 가입하였으며, 나대화羅大化와 이의경李儀景 등을 청년외교단에 가입시켜 조직 확대에 힘을 쏟았다.

청년외교단은 서울에 중앙부를 두고 국내에는 대전·회령·충주지부를 두고, 해외에는 상해지부를 두었다. 중앙부는 안재홍이 강령 및 규칙 등의 문안 작성을 담당하고, 이병철이 자금과 조직을 맡아 2인 총무 중심제로 운영되었다. 그리고 외교부장·재무부장·편집국장·외교원·외교특파원 등으로 구성되었으며 주로 외교활동에 필요한 자금 조달과 선전 업무를 담당하는 부서가 주축을 이루고 있었다. 안재홍과 이병철은 1919년 8월에 대한민국임시정부에 대동통일과 적극적 외교정책을 추진할 것을 요구하는 6개항의 건의서를 제출하였다. 건의서는 다음과 같다.

1. 이상과 주의의 대기치 아래 각파의 대찬大贊 협동을 표방하여 만일의 감정적 충동의 폐해가 없도록 전력할 것.
2. 임시정부의 내각 각부 총장은 상해에 집중하여 정무의 통일을 기할 것.
3. 열국(여러 나라 – 필자 주)정부에 직접 외교원을 특파하여 외교사무를 속히 확장할 것.
4. 일본정부에 외교원을 파견하여 국가의 독립을 정면으로 요구할 것.
5. 내외의 계획策를 긴밀하게 하기 위하여 정부에서 인원을 파견하여 국내 각 단체 및 종파의 대표자와 협의한 후 서울에 교통본부를 설치하여 일체 책동의 중추기관을 작성케 할 것.
6. 적당한 인재適材를 뽑아 여론을 환기하기 위하여 조용은趙鏞殷(조소앙의 별명 – 필자 주)에게 즉시 신임장을 교부하여 국제연맹회의에 파견하여 외교활동을 담당케 할 것.

청년외교단의 국내활동도 외교선전에 초점이 맞추어져 있었다. 이는 『외교시보外交時報』의 발행, '국치기념경고문' 등의 인쇄물을 반포하여 독립운동을 고조시키는 것이었다. 국치기념일인 8월 29일에는 경고문과 만세운동도 계획하였다. 나창헌은 조용주가 기초하여 상해에서 보내온 '국치기념경고문' 300여 부를 인쇄하여 서울 각 독립운동단체와 학교, 시민에게 배포하였다. 국치기념일 당일에는 서울 종로와 북악산 등의 일대에서 태극기가 게양되고 만세운동이 일어났다. 나창헌은 9월 2일자 『외교시보』 창간호의 배포도 맡아 서울 각지에 이를 산포하였다.

　이처럼 청년외교단은 외교선전 활동에 치중하는 한편, 임시정부에 독립운동 자금을 지원하고 국내의 독립운동 및 피해 등의 상황을 조사하여 보고하였다. 독립운동 참가단체 조사표, 피해의사 조사표, 가옥파괴 조사표, 일본 반항행위 조사표 등을 만들어 임시정부에 보고하였다. 그리고 대한민국애국부인회와 함께 독립운동 자금도 모집하여 임시정부로 보냈다. 이에 임시정부에서는 이병철을 경기도애국금수합위원으로 임명하기도 하였다.

　이러한 활동은 임시정부 연통부의 역할을 청년외교단이 대행한 것이었다. 임시정부의 연통부 조직은 국내의 정보를 수집하고, 통신과 인적 물적 자원의 확보를 위한 독립운동의 기본 단위였다. 그러나 연통제는 일제의 감시가 심하여 황해도, 평안도, 함경도 지역에서 가동되는 정도였다. 충청도, 전라도, 경상도 등지에서는 청년외교단과 대한민국애국부인회 지부가 연통제의 역할을 대행하였다.

　그리고 청년외교단의 건의서에서 5개항의 교통본부는 전국적 연통부의 총괄 조직을 요구한 것이다. 임시정부는 이에 1919년 10월 초순경에 이종욱을 서울로 파견하였다. 이종욱은 송세호·나창헌과 협의한 결과, 각 단체를 연합하여 서울에 연통본부를 두고 전국에 지부를 갖는 연통제를 조직하기로 결정하였다. 이처럼 청년외교단, 대동단, 대한민국애국부인회에 직간접으로 관계를 갖고 있던 나창헌과 송세호는 1차로 서울에 연통본부를 설치하고 직접 각 도의 감독부의 임무를 맡았다. 그러나 대동단의 의친왕義親王 망명 계획이 1919년 11월에 일본경찰에 노출되어 대동단 조직이 와해되면서 청년외교단도 조직망이 드러난 탓에 연통제 조직 활동은 정지되고 말았다.

의친왕 이강

제2회 독립만세운동을 주도하다

일제는 3·1운동을 일부 '불령선인不逞鮮人들의 망동'에 불과하다고 국제적으로 선전하였다. 독립운동가들은 이에 대한 반격으로 한국의 황족과 귀족을 해외로 망명시켜 이들까지도 일제의 식민통치에 반대한다는 사실을 널리 공포함으로써, 한민족의 전 민족적인 독립 열망과 의지를 알리고자 하였다.

대동단은 최익환 등 중심인물이 일본경찰에 체포되자 대동단 본부를 상해로 이전하는 계획을 추진하였다. 대동단의 본부 이전은 총재 김가진 등 일부 주요 간부를 해외로 분파하고, 이들이 국내에 남아 있는 간부들과 호응하여 제2회 독립선언과 만세시위를 대대적으로 일으키자는 계획 아래 진행되었다. 이것은 임시정부 국내특파원 이종욱과 대동단 김가진·전협 등의 사전 협의가 이루어진 결과이기도 하였다.

김가진은 고종황제의 아들인 의친왕 이강李堈과 같이 국외 망명을 추진하였으나 여비와 안전 문제로 이루어지지는 못하였다. 김가진은 아들 김의한金毅漢·이종욱과 같이 경기도 일산역에서 출발하여 압록강을 건너 중국 안동현으로 가서 영국 배를 타고 1919년 10월 30일 상해에 도착하였다. 김가진이 상해에 도착하기 이전에 『독립신문』에 대동단의 취지·강령·결의조문 등의 기사가 실려 조직과 활동상이 상해 한인들에게 상세하게 알려지게 되었다.

김가진

나창헌은 1919년 10월 초부터 한위건·정규식 등과 제2회 독립만세운동을 추진하였다. 제2회 독립만세시위로 불리는 이 만세운동은 일왕의 생일인 '천장절'을 기해 1919년 10월 31일에 거행하려 하였다. 이 만세운동은 대동단과 서울의 각 독립운동단체 그리고 상해에서 파견된 이종욱 등과 천진불변단 인사들의 연합 형태로 추진되었다. 임시정부에서 보낸 박은식 외 29인의 명의로 된 대한독립선언서를 만세시위 때 산포하려고 하였다. 그러나 전협이 대한독립선언서에 서명한 민족대표가 국외인사로 구성된 점에 반대하며 국내인사로 새롭게 민족대표를 인선할 것을 요구하였다. 이에 다시 3·1운동 때처럼 선언서를 작성하고 민족대표를 구성하였다. 이때 나창헌은 독립선언서 집필과 대동단을 대표하여 민족대표 인선을 맡았다.

제2차 만세운동 때인 1919년 11월에는 의친왕 이강李堈·김가진·전협·양정·이정李政·김상예金商銳·전상무田相武·백초월白初月·최전구崔銓

九·조형구趙炯九·김익하金益夏·정설교鄭卨教·이종춘李鍾春·김세응金世應·정의남鄭義南(정남용의 별명 – 필자 주)·나창헌·한기동韓基東·신도안申道安·이신애·한일호韓逸浩·박정선朴貞善·노홍제魯弘濟·이직현李直鉉·이내수李來修·김병기金炳起·이겸용李謙容·이소후李霄吼·신태련申泰鍊·신영철申瑩澈·오세덕吳世悳·정규식鄭奎植·김횡진金宖鎭·염광록廉光祿 등 33인 명의의 독립선언서가 발표되었다.

33인은 대동단(김가진·전협·양정·이정·정의남·나창헌·한기동), 대한독립애국단(오세덕·신영철), 노인단(김상예·김익하·이종춘·이겸용·조형구·정설교·김횡진), 부인대표(이신애·박정선·한일호), 불교계(백초월) 등 사회 각층의 대표 인사들로 구성되었다. 그러나 민족대표들이 사회의 명망가 또는 특정 인사들을 중심으로 구성되어 대의명분을 앞세운 측면이 강하였다.

독립선언서는 우리나라가 독립국임을 선포하고 3·1독립선언서의 공약처럼 최후의 1인까지 민족자결과 정의 인도에 따라 나갈 것이지만 최후에는 혈전투쟁으로 나갈 것임을 밝혔다. 이는 2·8독립선언서와 3·1독립선언서가 갖는 비폭력적 독립선언이라는 소극적 저항에서 '혈전'이라는 적극적 무장투쟁까지 전망한 것이었다. 요컨대 일제의 무력적인 제국주의적 속성을 파악하고, 그 식민지로부터의 해방되는 방법은 독립전쟁이 될 수밖에 없다는 인식으로 나아갔다. 독립선언서는 다음과 같다.

5천 년 역사의 권위와 2천 만 민중의 충성에 의거하여 우리 국가가 독립국이고 우리 민족이 자유민임을 세상에 선언하며 증언한다. 우리나라는 타인의 식민지가 아니고 단군의 자손은 타인의 노예종奴隷種이 아니다. 나라는 동방군자이고 민족은 선진적인 선인鮮人이다. 운영하다 보면 순조롭지 못하고 오래 다스리다 보면 혼란이 생기는 법이며 바깥으로는 경탄鯨呑의 강대한 이웃 나라가 있고 안으로는 나라를 해치는 간적奸賊이 있다. 5천 년 신성한 역사와 2천 만 예의민족과 5백 년의 위대한 종묘사직이 일조에 인멸하니 조정에 순국殉國하는 의사가 있고 민간에 절개를 지키는 백성이 있었으나 황천이 불우不佑하고 국민이 복이 없어 황제가 폐위되는 치욕을 당하였다.

의사와 백성들이 거사하여 일어나면 멸족의 재난을 당하였고 지나친 세금과 가혹한 형벌은 백성들을 도탄 속에 빠지게 하였다. 불평하여 일어나면 강도로 몰아 살육하고 충의의 정신은 가혹한 정치에 의해 말살되고 있다. 몇 천만이나 되는 사람들이 한과 아픔을 머금고 와신상담하고 10년을 지내 보내면서 날이 밝기를 기다리고 태평을 바라는 것은 천리에 대한 바람이고 죽음에 처하여 살길을 찾고 오래 있으면 다른 생각이 생기는 것은 인도적인 두터운 정분이다. 무릇 세계를 개조하고 민족자결의 소리가 세상에서 높이 부를 때 우리 나라의 독립과 우리 한국의 자유의 외침이 전국에 퍼졌다. 그리하여 3월 1일에 독립을 선언하고 4월 10일에 정부를 세웠다. 그러나 일본은 우매하고 완고하여 시세의 흐름에 따르지 않고 이리의 흉악상을 드러내어 맨주먹의 민중들을 대대적으로 억압하고 총살하고 성읍城邑과 촌락을 태워버렸다. 이에 모든 인간의 양심을 가진 자는 모두 놀랐다. 우리 민족의 충성심과 붉은 피는 도의에 어긋나는 압박에 무서워하지 않고 정의적이고 인간적인 도리로 용감히 전진한다. 만일 일본

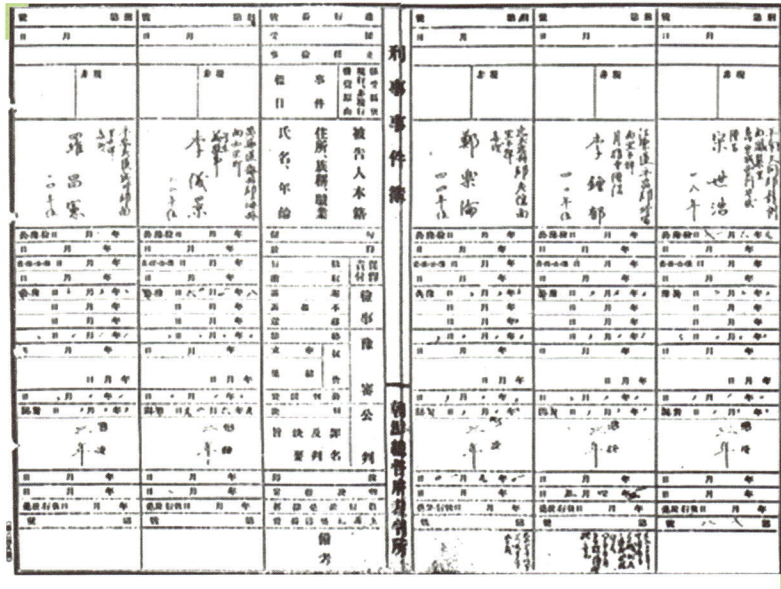

나창헌 형사사건부(1919. 12. 16.)

이 끝까지 잘못을 뉘우치지 않으면 우리 민족은 부득불 3월 1일의 공약에 의하여 최후의 한 사람이 남을 때까지 최대의 노력과 최대의 힘으로 혈전도 마다하지 않는다. 이에 글을 써서 성명한다.

1919년 11월 1일에 민강閔橿과 강매姜邁가 체포되고, 11월 19일에는 전협이 일본 경찰에 체포되어 대동단 조직은 거의 파괴당하였다. 이런 극한 상황에서도 나창헌은 이신애·정규식·안교일 등과 만세운동을 강행하기로 결정하였다. 그리고 만세시위일을 11월 25일로 정하였는데, 이날은 음력으로 10월 3일로 단군기념일이기도 하였다.

시위 방법은 3·1운동 때처럼 민족대표로 서명한 김상예·김익하·이종춘 등 8인이 중국 요리점 장춘관에 모여서 제2회 독립선언서를 낭독한 다음, 시위대를 3대로 나누어 서울 남대문·동대문·배재학당에서 선언서를 살포하며 독립만세를 외치기로 하였다. 그러나 선언서 인쇄 등의 준비가 늦어져 27일로 연기되었으나 27일에도 인원 동원 등의 차질이 생겨 만세시위를 감행하지 못하였다. 나창헌은 이신애·정규식·박원일·안교일·정희종·김종진·변화(전협의 부인 - 필자 주) 등과 함께 종로경찰서 앞에서 마침내 11월 28일에 200여 명의 군중과 독립만세를 외쳤다.

나창헌은 만세운동 직후 일본 경찰의 추적을 피해 중국 상해로 망명하였다. 이 과정에서 1920년 1월에 신의주와 안동현 일대에 대동단 지단을 설치하고 상해와 국내를 연결하는 근거지를 마련하였다. 나창헌은 제2회 만세시위로 인해 1919년 12월 26일에 예심에 회부되고 1920년 6월 29일에 열린 궐석재판에서 제령 제7호 및 출판법 위반으로 징역 3년을 언도받았다.

상해에 대동단총부를 설치하다

나창헌은 1920년 1월 말경에 상해에 도착하였다. 상해로 망명하는 과정에서 신의주에 거주하는 장찬식張贊植·이경도李敬道 부부와 압록강 건너 안동현에 거주하는 김응초金應楚를 대동단에 가입시켰다. 정찬식은 의안(신의주·안동현)교통소장 및 군자금 모집원, 이경도는 부인대동단 신의주 지단장에, 김응초는 의안교통소 이사에 각각 임명되었다.

의안교통소는 이후 상해와 국내를 잇는 연락망 역할을 수행하였다. 이들은 상해와 국내의 연락통신업무를 수행하면서 대동단 단원들의 왕래와 숙박 등의 편의를 제공하였다. 상해 대동단에서 의안교통소로 보낸 통고문通告文 1,600매 가운데 200매는 신의주에 배포되었고 1,400매는 서울의 대동단원 이호李豪에게 발송되어 서울 시내에 배포되었다.

상해에 도착한 직후 나창헌은 대동단 추밀부이사樞密部理事 명의로 "대동단의 활동은 두 배 활기를 띠는 중이고 현재 단원은 13도 각 계급을

망라하여 3백 만에 달하며 단결은 극히 조직적이고 혁고하다"고 표명하였다. 나아가 김가진과 대동단 총부總部를 상해에 재건하였다.

1920년 3월 6일, 대동단 총재부總裁部는 국외 연락과 기타 필요에 의해 대동단 총부를 당분간 상해로 옮겨둔다는 대동단 총부 명의의 통고문을 발표하였다. 그리고 같은 날에 대동단 총재 김가진의 명의로 무장투쟁을 방략으로 하는 다음과 같은 포고문을 발표하였다.

단원 제군이여, 분기하라! 일거를 기하여 분기하라! 자유 독립과 정의인도의 소리가 그 파동을 넓히니 적의 횡포는 일층 심하도다. 야수의 유전을 아직도 탈피하지 못하고 약육강식을 지존으로 여기는 섬나라 민족의 완고하고 어두움은 글로나 말만으로는 이를 깨닫게 하기 어렵도다. 몇 년 동안 우리 민족이 취하였던 평화적 수단은 오히려 저들에게 문약하고 무혈無血하다는 환각을 주었을 뿐이다.

적의 횡포에 고읍苦泣하는 단원 제군이여! 재차의 기대를 싫어하는 노부모와 어린 형제의 골육으로 오랑캐의 칼이 기탄없이 들어오는 것을 보면서 우리 단원 제군은 어찌 참고만 있겠는가? 분기하라! 수화水火 가운데에 있는 우리 민족을 구하고 우리 민족의 공존의 필요를 각오하였으면 분기하여 하나의 목숨을 나라에 바치라.

단군 제군이여, 혈전의 시기가 눈앞에 박두하였음을 각오하라. 야만족 자신이 이를 요구하고 세계 조류가 이에 향응할 것이다. 수화 가운데에 있는 2천 만 우리 민족을 구함은 우리 3백 만 단우團友의 결사 일전에 있다고 결심 맹약한 단원 제군이 최후의 일법一法을 취할 수 있는 기회가 여기

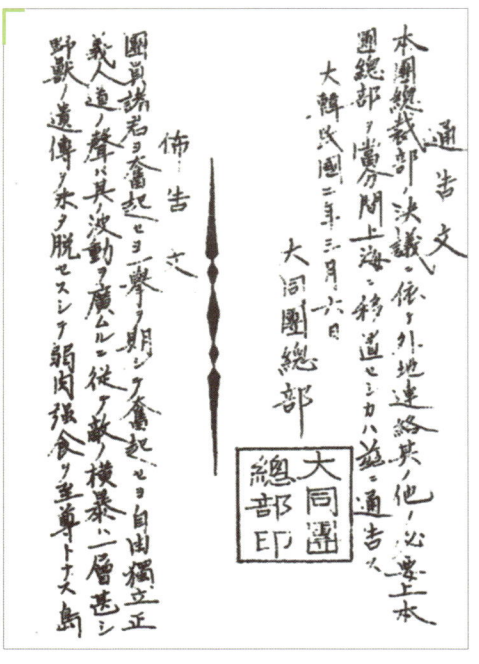

대동단 통고문(왼쪽)과 포고문(오른쪽)

에 있을 것이다. 제군이여 분기하라! 다만 궐기할 때 부분적인 것은 피하라. 그윽이 전해들은 바로는 근자에 본단 의병 부원 가운데 한 무리가 모종의 활동을 개시하였다고 한다. 이 또한 애국 정성의 소사所使이니 찬미하지 않을 수 없도다.

그러나 제군이여, 일에 임하여 다시 하나의 계획을 덧붙이노라. 유사 이래 우리 민족에게 수치를 준 자나 고통을 준 자는 모두 부분적 행동이며, 폭도·불령不逞 등의 언사를 적으로 하여금 감히 토하게 하였을 뿐이며,

신성한 우리 민족에게서 약간의 부패한 돈을 추렴한 것도 부분적 행동의 원인이다. 본단의 출현은 실로 이를 막으려는 데어 있도다. 제군도 또한 이를 목적으로 하지 않는가.

가일층 단결을 굳혀 준비를 완성하고 애국의 열성을 부분적으로 사용치 말라. 우리의 임시정부에서는 혈전의 준비를 이제 급속히 진행 중에 있으며, 본 총부에서는 최후의 행동에 대한 획책을 머지않아 발현할 것이니 한 번 태어나 한 번 죽는 일을 우리 민족의 사명에 맡긴 저 군은 더욱 일도一度·일진一進·일퇴一退를 모두 총부의 명령에 따르도록 이에 포고하는 바다.

포고문에서 대동단은 "1년여 세월을 우리 민족이 취하여 온 평화적 수단은 도리어 문약무혈文弱無血이라는 환각을 주었을 뿐이다"라고 만세운동의 비폭력성을 비판하였다. 그리고 임시정부도 혈전의 준비를 하는 상황에서 300만 대동단우의 결사일전을 준비할 것을 선포하였다. 이것은 1919년 11월 제2회 독립선언서에서 밝힌 최후 혈전의 연장선상에 있다고 볼 수 있다. 더욱이 임시정부가 1920년을 '독립전쟁의 해'로 선포한 것과 맥락을 같이 하고 있는 것이기도 하였다.

대한민국임시정부는 1920년 1월에 "2천만 대한민족이 일심일체가 되어 사死냐 자유냐의 독립대전쟁의 제1년을 작作할 대한민국 2년의 신춘을 즈음하여 대한민국임시정부는 우리 독립전쟁의 중견이 될 러시아와 중국 지역의 2백만 동포에게 고하노라"로 시작되는 국무원포고 제1호를 발표하여 독립전쟁을 촉구하였다. 임시의정원도 윤기섭尹琦燮과 왕삼덕王三德 등이 1920년 3월 30일에 제출한 독립전쟁 준비 방안인 '군사에 관한 제안'을 만장일치로 통과시켰다. 이는 "5월 상순 이내로 군사회의를 소집하여 군사계획을 세울 것, 군무부를 만주로 이동할 것, 사관과 준사관 1천 명을 양성할 것, 금년 내로 전투를 개시할 것" 등을 제안한 것이다.

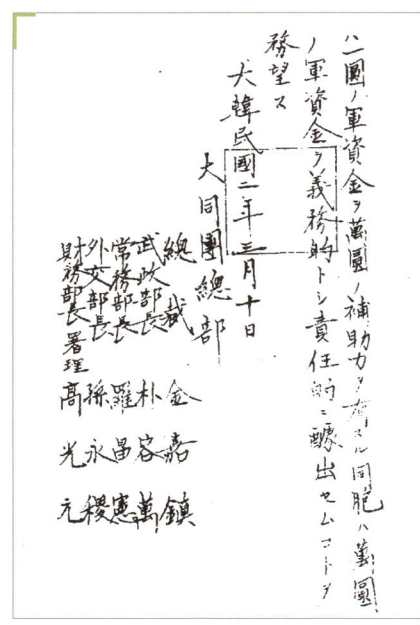

각금권고문

나아가 대동단은 1920년 3월 10일에 총재 김가진, 무정부장 박용만朴容萬, 상무부장 나창헌, 외교부장 손영직孫永稷, 재무부장서리 고광원高光元 명의로 동포들에게 북으로는 모지에 연락을 취하고 남으로는 모방의 후원을 얻어 방금 혈전을 개시할 것을 결정하였고 무장투쟁을 위한 군자금 1만 원을 추렴할 것을 바란다는 갹금권고문醵金勸告文을 공포하였다. 이때 박용만이 대한민국임시정부 외무총장의 취임문제로 상해에 온 것은 1920년 3월 말경이었고 손영직은 임시의정원 의원으로 상해에 있었지만, 이들이 대동단의 취지에 동의해 갹금권고문에 이름을 올린 것으로는 보이지 않는다.

이강의 국외 망명 추진과정에서 전협 등 간부들이 일제 경찰에 체포되어 대동단의 국내활동은 정지되기에 이르렀다. 상해에 대동단총부를 설치하였지만 실질적인 역할을 할 수 있는 간부는 나창헌이 유일하였다. 그는 상해에서 대동단의 실무를 총괄하는 직책으로 보이는 상무부장으로 활동하였다. 그리고 국제여론을 환기하기 위해서는 만세운동만으로는 독립을 이룰 수 없다는 인식과 함께 무장투쟁을 내세웠다.

이동휘

나창헌은 대동단총부를 설치하는 두 달여 동안 상해의 독립운동가들의 분파적이고 통일적이지 못한 상황을 직접 목격하였다. 1920년 3월 1일자 안창호 일기에 의하면 나창헌은 안창호를 찾아가 "도든 불통일과 불평에 관함"을 말했다고 한다. 이처럼 상해에 모인 독립운동가들은 출신 지역, 종교, 단체 등의 차이로 분열되었고, 임시정부 내에서도 이러한 분열과 대립이 격화되고 있었다.

이승만

임시정부 내에서의 분열은 임시대통령 이승만을 주축으로 하는 이동녕李東寧·이시영李始榮 등의 기호파 총장들과 이동휘·안창호가 구미위원부에서 보내는 재미한인들의 독립자금 문제로 대립한 것이었다. 이는 이동휘의 무장투쟁론, 안창호의 실력양성론, 이승만의 외교론으로 대표되는 독립운동 방법의 대립이기도 하였다. 하지만 나창헌은 안창호가 구상한 '이당치국以黨治國'의 혁명당 조직방안에 적극 찬동하면서 안창호와 긴밀한 관계를 유지하였다. 그리고

안창호

임득산

안창호의 대동단결에도 찬동을 표하였다.

그런데 나창헌은 1920년 4월 하순에 임득산·김흥식金興植 등과 함께 구국모험단救國冒險團 단장인 김성근金聲根의 집에서 폭탄을 실험 제조하던 중에 폭발사고가 일어나 곤경에 빠지게 되었다. 폭발사고로 임득산이 크게 다치고 주변을 경계 중이던 프랑스 경찰이 폭탄의 파편을 맞아 다리를 절단하는 중상을 입었다. 구국모험단은 상해에서 40여 명의 청년들이 1919년 6월에 "작탄으로 구국의 책임을 부담함을 목적"으로 결성하였다. 구국모험단의 폭탄 수업과 제작은 의열투쟁을 위한 단원들의 필수 과정이었다.

이런 상황에서 나창헌의 측근인 김기만金基萬이 손정도孫貞道의 군자금 유용 문제를 제기하면서 임시정부와도 불편한 관계에 놓이게 되었다. 상해에서 1920년 1월에 조직된 의용단義勇團은 일본 고위 관리와 친일 조선인을 처단하고 일본에 대한 선전포고를 목적으로 하였다. 단장인 손정도는 김정목金鼎穆과 김예진金禮鎭 등 단원 7명이 1919년 8~9월에 한국 국내에서 모집한 군자금 약 8천여 원을 개인적으로 사용하는 데 동의하였다. 이것이 다른 단원들에게 알려지면서 손정도의 군자금 유용사건이 발생한 것이었다. 게다가 일제가 사주한 암살단이 임시정부 인사들을 암살할 것이라든지, 임시정부에서 나창헌을 처단할 것이라는 등의 풍문이 난무하는 상황이 발생하였다.

철혈단을 조직하다

상해 정국의 분열과 분파 투쟁을 목격하고 자신을 둘러싼 풍문이 난무하자 나창헌은 1920년 6월 상순에 청년 58명을 결속하여 철혈단鐵血團을 조직하였다. 그리고 노무용盧武用·김재은金在殷·이옥李鈺·김상덕金相德·황학선黃鶴善 등이 참여하여 창립위원으로 선정되었다. 나창헌은 자신이 직접 쓴 철혈단 선언서 제1호와 제2호를 1920년 6월에 발표하였다.

선언서 제1호는 무장투쟁으로만 독립을 이룰 수 있다고 선언하였다. 이것은 민족자결주의라는 국제정세에 따른 독립선언과 비폭력적 시위운동은 아무런 성과도 거둘 수 없다는 확신에서 나왔다. 3·1운동의 경험에서 나온 결과였다. 그래서 무장투쟁을 실행하기 위해 독립운동 전선에서 지방열과 파당, 감투욕에 빠진 부패 분자를 제거할 것을 우선적 과제로 내세웠다. 당시 상해 대한민국임시정부는 대통령 이승만이 구미위원부를 관할하면서 재민한인의 독립자금을 수금할 수 있는 권한을 장

철혈단 선언서(제1호)

악하여 미주 지역에서 재정을 독점함에 따라 독립전쟁을 준비하던 임시정부의 활동이 분열로 빠져들었다. 이런 상황에서 국무총리 이동휘와 각부 차장·비서장 6인은 '이승만 불신임운동'을 전개하고 있었다. 철혈단 제1호 선언서는 무장투쟁을 실천하기 위해 분란을 일으켜 정부를 혼란에 빠뜨리는 이들의 전횡을 바로 잡으려는 데 목적에 있었다고 할 수 있다. 그 전문은 다음과 같다.

철혈단 선언서(제1호)

우리 독립은 우리의 사활문제임은 두말할 나위가 없다. 우리들의 독립은 총과 검과 혈이 아니면 성공할 수 없다. 그러므로 우리들은 금후 한 사람이 남을 때까지 최후의 일각까지 철과 혈로써 저 간악하고 악독한 왜구(倭仇)를 무찔러야 한다. 그런데 우리 독립운동자 중에는 부패한 분자가 적지 않고 독립운동이란 미명 아래 자기의 명예를 얻으려는 야심가가 있다. 독립운동을 수단으로 공적인 것을 빙자하고 자신의 이익을 채우려고 하는 야비한 무리도 있다. 독립운동을 수단으로 지방열과 사당(私黨)을 부식하여 세력을 다투고 서로 암투를 일삼아 왜구를 무찌르는 것보다 동족을 원수시하는 데 열중하는 무리도 있다.

슬프다. 이와 같은 무리들은 우리 독립을 방해하는 악마다. 과연 악마인 이상 우리들은 이들을 박멸하고 신성한 독립운동자는 여기에 보조를 맞추어 나가야 한다. 이에 우리는 앞서 말한 악마를 제거하고 우리 사회의 신선하지 못한 공기를 소독하고 이로써 우리 전민족의 정신을 건전케 하며 밖으로는 철과 혈로써 왜적을 무찔러 우리의 독립을 완수하는 데 있다.

그런데 1920년 6월 5일경 철혈단원 정환범(鄭桓範)과 강상선 등이 주색을 탐하고 거금을 낭비하던 동포를 권총으로 위협해 1,600원의 돈을 빼앗은 사건이 발생하였다. 임시정부 내무부는 권총으로 동포를 위협하여 돈을 빼앗은 것은 불법적인 강도짓이라며 강상선을 체포하여 감금하였다. 나창헌·김의한·김기제(金基濟) 등 철혈단원 40여 명은 6월 9일에 강상선을 구출하기 위해 임시정부 내무부로 쳐들어가 내무차장 이규홍과 직원들을 난타하고 강상선을 구출하였다.

임시정부 경무국 경호원들과 육군무관학교 생도 등은 철혈단원 주동자 10명의 가택을 습격하여 그들을 체포하였다. 이 과정에서 나창헌과 김기제는 부상하여 입원하는 사태가 발생하였다. 임시정부는 국무회의를 열어 임시정부 내무부를 습격해 강상선을 데려가고, 철혈단원들을 습격하여 폭력으로써 철혈단원을 체포한 경무국원들 전원을 문책하기로 결정하였다. 임시정부는 우선 철혈단원들을 석방하였는데, 이에 대해 철혈단은 다음과 같은 제2호 선언서를 공포하였다.

철혈단 선언서(제2호)

이미 우리 단체가 포고하는 주의에 의하여 철과 피로 왜구를 무찌름과 동시에 내부의 악마를 박멸하기 위해서는 개인·단체 또는 정부 임원을 가리지 않고 일반 사회의 불량한 분자는 모두 가차 없이 없애버려야 한다.

작년(1919년–필자 주) 3월 1일까지의 10년 동안과 3월 이후 오늘날에 이르기까지 이른바 구식 인물 아무개와 어느 단체의 당파 싸움이 원인이 되어 독립운동을 진척시킬 수 없었다. 그러나 그런 암투에 관하여 오늘날까지 그 내막에 대한 발표를 기대하지 못하는 이유가 있다. 다름이 아니라 처음에는 이가李哥라 하더니 이제는 김가金哥라 하고 또 자기의 당이라 하였다가 다른 당을 지칭하는 이런 자들 모두가 우리의 독립과 우리 민족의 행복을 도모한다면서 그 궤도軌道를 함께 하지 않는 것이다.

언젠가는 서로 이해하고 통일을 기할 날이 올 것이라고 우리는 생각하였지만, 아직은 이해와 통일이 되지 않을 뿐만 아니라 오히려 분쟁의 격렬함이 날로 심하여 오늘에 와서는 우리들이 어찌 할 수 없이 그 내용을 파괴하여 근본적으로 해결하지 않을 수 없게 되었다. 이때 정부 내무국은 증거가 충분한 왜적의 밀정을 발견하였으나 그에 상응하는 처분을 내리지 않았다.

그들은 사사로운 정리와 왜적의 힘을 두려워하여 어떤 조처도 취하지 않고 오히려 헌법에 의거하여 정부의 부정을 공격하는 의원에 대하여 내란죄로 의심하고 의정원이 개회하고 있는 동안에 의회의 승낙 없이 그를 체포하였으며 또한 독립운동자금에 도움을 주려는 목적으로 공금을 낭비한 자의 지참금을 징발한 청년을 강도로 몰아 곤봉으로 난타하고 권총으로 위협하였는데 이를 어찌 임시정부라 부르며 믿을 수 있겠는가?

우리들은 오늘날 우리 민족의 처지와 입장을 되돌아보고 여러 차례 내무총장에게 대국大局을 위하여 선후책을 강구하여야 한다고 권고하였음에도 전혀 응답이 없어 다시 내무부에 질문한 바가 있으나 그 태도에는 여전히 구한국시대의 대신이 가지고 있던 습관이 남아 있다. 혈기왕성한 청년들이 분개함에도 불구하고 임시정부는 이에 대하여 모른 척하고 있다.

그들은 오히려 우리를 정부 전복자 또는 어느 당파라고 하는 구실을 허위로 만들어 경무국 국원과 군무부 사관학교 생도 등 많은 인원을 소집하여 질문한 인사의 가택을 습격하고 포승으로 손발을 묶어 3일 동안 밤낮으로 난타한 결과, 십여 명 가운데 2인은 근육이 찢어지고 뼈가 부러졌으며 가슴에 부상을 입기에 이르러 입원 치료 중이지만 지금도 생명이 위독한 상태다. 참으로 왜적이 우리 민족에게 저지른 만행보다 심한 무리가 있는 것이다. 슬프다, 이를 어찌 참을 수 있겠는가? 우리가 나서지 아니할 수 없는 일이로다.

제2호 선언서는 철혈단의 공금을 낭비한 자의 자금을 징발한 것은 정당한 행동이었다고 강변強辯하면서, 이를 임시정부가 강도로 몰아 폭력을 가한 것을 비판하였다. 그리고 임시정부를 포함한 단체 등 내부의 분열과 당파를 뿌리 뽑아 '철혈투쟁', 즉 의열투쟁으로 나아갈 것을 촉구하였다.

이후 임시정부 경무국에서는 철혈단의 '내무부 습격사건'을 조사하였다. 그 결과 상해 일본영사관의 조종과 후원을 받고 있던 밀정 황학선을 체포하여 자백을 받아냈다. 황학선은 나창헌의 애국 열정을 이용하여 임시정부 각 총장과 경무국장 김구 등을 암살할 계획을 갖고 나창헌에게 접근한 것이 드러났다. 결국 황학선은 처형되었다. 김구는 황학선의 신문기록을 나창헌에게 보여주었고, 입원 중이었던 나창헌과 김기제는 병원을 찾아온 안창호에게 밀정의 선동에 놀아난 자신들의 잘못을 인정하였다. 당시 일제는 밀정을 이용하여 열혈 청년들의 피끓는 애국심 안으로 침투하여 분열을 획책하며 임시정부 내부의 분열을 일으켰다.

이 사건 후에도 철혈단과 임시정부 사이의 적대적 관계는 오랫동안 지속되었다. 임시정부 내에서 강경한 입장을 취했던 사관학교 생도들은 철혈단의 잔당들을 체포할 것을 주창하였다. 철혈단의 주도자들은 모든 책임이 임시정부 쪽에 있으며, 철혈단 단원들을 포박하고 구타한 것은 안창호의 사주라고 비판하였다.

철혈단은 조직 이름을 정구단正救團으로 개칭하고 1921년 3월 1일자로 임시정부를 공격하는 인쇄물을 배포하였다. 그러나 나창헌은 무조건적인 반임정활동의 전개는 문제가 있다고 보았다. 그리고 앞에서와 같이 일제가 사주한 밀정에 놀아나지 않고 임시정부에 참여할 것을 결의하였다. 이후 나창헌은 정구단에는 관계하지 않고 임시정부를 중심으로 활동하였다.

국민대표회의를 통해
대동단결을 추구하다

나창헌은 철혈단 사건이 종결된 뒤부터 1926년 말에 상해를 떠날 때까지 6년여 동안 임시정부를 중심으로 활동하였다. 나창헌의 임시정부 활동은 국민대표회의 소집 문제에 관계하면서 시작되었다.

국민대표회의는 3·1운동 이후 전개된 민족운동의 최고기관 조직운동 때부터 그 기원을 갖는다. 1919년 대한민국임시정부와 대한국민의회의 통합 논의는 한성정부의 승인 및 개조 분쟁과 독립노선 등의 차이로 대한국민의회가 참가하지 않음으로써 완전한 통합을 이루지 못하였다. 그러나 한인사회당의 이동휘가 국무총리로 취임하면서 임시정부는 부분적 좌우연합정부의 성격을 갖게 되었다. 그러나 이동휘는 지향이념·운동노선·조직형태 등의 차이로 인해 갈등을 빚고 1921년 1월에 임시정부 국무총리직을 사임하였다. 이후 5월에는 안창호가 국민대표회의 개최에 집중하기 위해 임시정부 노동부총판 자리를 내어 놓고 임시정부를 나왔다.

이처럼 임시정부가 내부적으로 분열되면서 임시정부를 개조하자는 개조론, 새로운 최고기관을 조직하자는 창조론, 현 임시정부를 유지해야 한다는 임정고수론 등이 등장하여 대립하였다. 이에 독립운동가들은 국내외 독립운동단체 대표들을 소집, 국민대표회의를 개최하여 통일적 지도기관과 운동노선을 세우자는 요구를 제기하였다.

국민대표회의 소집 요구는 1921년 2월 상해 지역 독립운동가 고일표高一彪와 김창숙金昌淑 등 15명이 서명한 「우리 동포에게 고함」이라는 선언서를 통해 처음으로 공론화되었다. 선언서는 "전 국민의 의사에 의하여 통일적 강고한 정국을 기도하고 군책과 군력을 종합하여 독립운동의 최량 방침을 수립"하기 위해 국민대표회의를 개최하자는 것이었다. 같은 해 4월에는 북경의 군사통일회의에서도 선언서를 통해, 5월에는 액목현에서 김동삼과 이진산 등이 국민대표회의 소집을 요구하였다.

이와 같이 1921년 초부터 임시정부가 내부 분열되면서 국내외 독립운동단체 대표를 소집하여 국민대표회의를 개최하여 통일적 지도기관과 운동노선을 세우자는 요구가 제기되었다. 이어 상해·북경·천진 등지에서 국민대표회기성회가 조직되고, 그 통합조직으로 1921년 5월에 국민대표회주비회가 상해에 설치되었다. 그러나 국민대표회의는 개최 자금 문제, 워싱턴회의에 대한 기대 등의 문제로 연기되다가 1922년 초반에 국민대표회주비회가 재조직되고 본격적으로 개최 준비가 이루어졌다.

나창헌이 국민대표회의 소집에 관여한 것은 상해 인성학교仁成學校에서 1922년 6월 12일에 개최된 유호청년회留滬靑年會 발회식에 참가하면서부터였다. 유호청년회는, 임시정부의 각료 변경과 헌법·제도의 개정 등으로 임시정부를 민족운동의 최고기관으로 개조하자는 개조론과 국민대표회의에서 실질 독립운동에 적합하도록 신조직을 만들어야 한다는 창조론이 대립하자, 임시정부 존폐론을 둘러싼 시국 문제를 논의하기 위해 조직되었다.

나창헌은 이날 자유토론에서 "나는 철혈단을 다시 조직하여 내가 생존해 있는 한 죽을 때까지(독립운동을—필자 주) 결행할 것이다"라는 의지를 표명하였다. 발회식에서는 국민대표회의 개최 문제를 둘러싼 시국 문제에 대한 확실한 내용을 조사한 후 총회를 개최하기로 결의하였다. 나창헌은 윤자영尹滋英과 정광호鄭光好 등 9명과 함께 조사위원으로 선정되었다.

이후 국민대표회의는 상해에서 1923년 1월 3일부터 6월 7일까지 국내외 지역과 독립운동단체 대표 125명이 참석하여 진행되었다. 이렇게 국민대표회의는 국내외 전체 독립운동 세력들이 참가하여 공론과 공결을 통해 운동 조직과 노선을 마련하고자 하였다.

국민대표회의는 대표 자격심사와 회의규정 등을 심의·의결하고 1923년 3월 5일부터 시국 문제 토론에 들어갔으며, 회의를 총 74번 개최하였다. 그러나 임시정부 존폐 문제로 의견 대립이 격화되기 시작하였다. 이를 둘러싼 시국 문제로 인해 1923년 5월 15일부터 개조파가 탈퇴하기 시작하였다. 결국 1923년 6월 2일에 열린 회의에서 국호를 한韓으로 정하고 6월 7일에 열린 마지막 회의에서는 국민위원회의 국민위원 33인과 국무위원 5인(4인만 선출), 고문을 선출하고 폐회하였다.

나창헌은 국민대표회의 대표로 참가하지 않았지만 블라디보스토크에서 1924년 2월 23일에 개최된 국민위원회 제1회 회의에서 방원성方遠成·김우희金宇希·황학수黃學秀·강백규姜伯奎·조권식曺權植·백낙현白洛鉉·박경철朴景喆·정인교鄭寅敎 등과 같이 후보국민위원으로 선임되었다. 이날 회의에서는 국민위원회를 한국국민위원회로 명명하기로 결의하였다. 후보국민위원을 둔 것은 국민위원회 집무규정 제2호에 따라 "국민위원 보결의 편의를 도모하며 국민위원회가 정원 3분의 1에 상당하는 후보자를 예선하여 순차로 보충한다"는 규정에 의해 새롭게 선출된 것이었다.

국민대표회의는 개조파가 탈퇴함으로써 민족운동의 최고기관을 조직하는 데까지 나아가지 못하였다. 나창헌은 이러한 국민대표회의에서 조직된 국민위원회 후보국민위원으로 선임되었다. 그러나 그것은 나창헌의 동의를 얻은 것이 아니라 임의로 선임된 것이 틀림없다. 국민위원회에서 국민위원과 고문으로 각각 선임된 김혁金赫과 김홍일金弘壹 등도 선임을 거절하였기 때문이다.

독립전쟁을 위해 한국노병회에 참여하다

나창헌은 상해에서 결성된 한국노병회韓國勞兵會(노병회)에 참가하였다. 노병회의 성립 배경은 첫째로는 임시정부가 지향했던 외교중심론이 한계에 직면했기 때문이다. 또한 만주 일대의 독립군 부대들이 독립전쟁론을 적극적으로 수용하지 못했기 때문이기도 하다. 더욱이 기대했던 파리강화회의와 워싱턴회의 등이 아무런 효과를 가지지 못하고 외교활동이 아무런 성과를 거두지 못하자, 오히려 독립운동 전선에 이념적 분화와 갈등만을 초래하게 되었다.

둘째로는 임시정부의 재정적 어려움이 가속화되었기 때문이다. 미주 동포들의 독립금이 구미위원부로 보내졌으나 임시정부로 송금되지 않았으며 국내로부터의 자금 유입도 격감되었다. 특히 임시정부 연통제 조직망을 통한 자금 모집이 일제의 의해 붕괴됨으로써 재정난이 더욱 심화되었다.

셋째로는 국제정세의 변화와 독립운동의 장기화 전망에 따른 새로운 독립운동 방법의 필요성이 대두되었기 때문이다. 즉 노병회는 임시정부를 정상화시키고 장기적 독립전쟁 준비를 목적으로 설립되었다.

이러한 목적을 가지고 상해에서 김구·조상섭趙尙燮·김인전金仁全·이유필·여운형呂運亨·손정도·양기하梁基瑕 등 7명이 1922년 10월 1일에 독립전쟁의 필요한 군인 양성과 전비 조성을 목적으로 한 노병회의 조직을 협의하였다. 10월 7일에는 박은식朴殷植·김홍서金弘敍·조동호趙東祜 등 9명이 더 참가하여 16명이 모여 노병회 기초위원으로 이유필·김인전·조동호를 선정하였다. 이어 10월 21일에는 노병회 발기총회 주비회가 열렸으며 마침내 10월 28일에 노병회 총회가 개최되어 정식으로 창립되었다.

통상회원 17명과 특별회원 4명이 참석한 노병회 총회에서는 김구를 이사장으로 선출하고, 나창헌·이유필·여운형 등 6명을 이사로 선출하였다. 회계검사원으로는 최석순과 조동호를 선출하였다. 그리고 발기인 일동의 명의로 1922년 10월 28일에 회헌과 회칙·취지서趣旨書를 통과시켰다. 노병회 취지서는 정신만으로는 독립사업을 성취하기 어려우며, 사업의 실제 성취에는 공구工具가 필요한데 대한독립의 공구는 무력이오, 무력의 공구는 군인과 군비라고 전제하였다. 그리하여 노병의 양성과 전비 조성을 목적으로 노병회를 창립함을 다음과 같이 밝혔다.

십수 년 이래 이어져 온 대한국민의 대한국가 독립상 정신은 이제 이미 그들로 하여금 실제적 사업에 나아가게 되었도다.

맨손으로 서슬이 번쩍이는 칼을 맞으며 낙토로써 사지를 시視하고 전자가 쓰러짐에 후자가 이어 최후의 승첩을 기하고서 오직 앞 일방에 전진하여 멈추지 않는 국내 동포들의 거룩한 행적은 특히 3·1운동 이래 천하와 같이하는 사실로 그들의 생활적 욕구, 정의적 관념, 자유, 자존, 자신, 자강 등의 모든 경애할 만한 정신은 세계열강으로서 대한독립에 정신적 승인을 주었다 함이 또한 우연한 일이 아니로다.

즉 우리들 해외에 거주하는 자들도 혹 외국인에게 향하야 우리 민족의 요구하는 바를 선전하며 혹 국내에 대하여 세계의 추향하는 바를 통달하야 풍찬노숙하며 십사구생한지 또한 자에 수년 혹 십여 년이라 비록 공公에 보함은 무하였으나 이미 사私를 망한지 오래되었나니 신세의 한탄이 하일에 멈추며 가국家國의 눈물이 어느 세월에 마를 것인가.

정신일도에 쇠와 돌을 뚫을 수 있으니 이만한 정신으로 무슨 일을 주어도 하지 못하며 무슨 업무를 받아도 할 수 없겠는가. 애석한 것은 정신은 정신이오, 사업은 사업이라. 정신만으로는 도저히 사업을 성취키 어려우므로 사업의 성취에는 반드시 그에 상당한 일정한 물적 공구를 요함이 천연의 공례라 우리들은 이에서 더 1차 유물의 교훈을 음미하리로다.

대한독립에 대하여 그의 공구가 오직 말하길 무력이오, 무력의 사업에 대하여 그의 공구가 군인 및 군비라 이에 우리들이 이들의 군인 및 군비를 조성하고자 양병 및 저금을 목적으로 하고 본회를 발기하나니 대개 노공勞工하여 성병成兵하고 모든 재물을 모집하고자 함이라.

심지어 그 진행의 내용에 대하여는 회규會規에 게재하나니 만인의 뜻에 비록 적으나 사람이 없음에 중衆하며 백만의 금金이 비록 소하나 공수에 참하며 10년의 기한이 비록 오래나 또한 무기에 달한지라. 요컨대 차로써 진행상 하나의 양식을 삼음이라.

우리들의 기치는 삼엄하나 고명하고 우리들의 정호旌戶는 청정하나 광대하며 우리들의 목적은 고원하나 근역하고 우리의 사업은 거대하나 단순하나니 구히 기인으로서 회규만을 지킨다 할진대 그 소유관계의 일절을 불문하고 오즉 쌍수로 봉영할지라. 무릇 우리 동포는 내할지니라.

한국노병회에서 '노병勞兵'은 생계를 유지하면서 독립운동을 할 수 있는 노공적勞工的 기술을 겸비한 군인자격자를 의미한다. 임시정부가 자체의 군대를 유지할 정도의 재정을 갖추지 못한 상황에서 병농일치의 둔병제를 염두해 둔 것이라 할 수 있다. 그러므로 스스로 기술을 갖고 취업하여 생계를 유지하면서 유사시에 군대조직의 자원이 되도록 하였던 것이 발기인들의 의도였다.

제1장 총칙부터 보칙까지 9개장 42개조로 구성된 노병회 회헌會憲에 의하면, 총부는 상해에 두며 회의, 회원의 종류, 임원 구성, 노병과 전비 등을 규정한 조항으로 이루어져 있다. 회의는 이사회와 총회를 두었고, 이사회 아래에는 경리·교육·노공·군사 4부의 부서를 두어 업무를 분장하도록 하였다. 경리부는 회계와 예결산 관련 업무를 관장·시행하고 교육부는 군사학교 관리와 군사서적 간행 및 외국 군사학교에 유학 알선을 담당하게 하였다. 그리고 노공부는 공장 관리와 외국의 공창工廠과 공업학교에 유학 알선을 맡게 하였고, 군사부는 군대 편성과 배치 등을 맡도록 하였다.

회헌 제3조에서 "본회는 조국광복에 쓰기 위해 향후 10개년 이내에 1만 명 이상의 노병을 양성하고 백만 원 이상의 전비를 조성함을 목적으로 한다"고 명시하였다. 그리고 제4조에서는 "군인과 전비가 목적의 수치에 도달할 때는 이사회의 제의와 총회의 결의로써 독립전쟁을 개시한다. 단 그 전에라도 국가에서 독립전쟁을 개시할 때는 노병과 전비가 수치에 도달하지 않아도 이사회의 결의로써 참가 출전할 수 있다"고 명시하였다. 결국 노병회는 독립전쟁을 목표로 10년 동안 만 명 이상의 노병을 양성하고 백만 원 이상의 전쟁 비용을 조성하며 전쟁을 준비한다는 것이었다. 그 회헌의 내용은 다음과 같다.

제1장 총칙
제1조 본회는 한국노병회라 칭함.
제2조 본회의 총부總部를 상해에 치함.
제3조 본회는 조국광부에 공헌키 위하야 향후 10개년 이내에 일만 명 이상의 노병을 양성하고 백만 원 이상의 전비를 조성하기로 목적함.
제4조 전조의 군인과 전비가 목적한 수에 달한 시는 이사회의 제의와 총회의 결의로 독립전쟁을 개시함. 단, 그 전이라도 국가에서 독립전쟁을 개시할 시는 전항의 규정에 불구하고 이사회의 결의로 참가 출전함을 득함.

임원으로는 총재 1명, 이사장 1명, 이사 30명 이내, 회계검사원 3명 이내로 정하고 임기는 모두 3년으로 정해졌다. 회원은 군사 교육을 받을 수 있는 15세에서 40세 미만의 특별회원과 40세 이상의 통상회원으로 구분되었다. 특별회원은 군사교육과 노공기술을 이수하고 평상시에는 군인이 되어 병역에 복무할 의무가 있었다. 통상회원은 회의 운영에 대한 실제적인 권한을 갖고 특별회원의 모집, 교육 주선, 조직, 전비 확보 등을 담당하였다. 회원은 "신체가 건강하며 학령學齡의 청년인 자, 노동의 신성과 복종의 미덕을 이해하는 자, 군인될 지망과 노공에 종사할 수 있는 의지가 견고한 자" 등을 자격으로 하였다. 특히 특별회원은 "6개월 이상의 군사교육을 받을 의무, 하나 이상의 노공기술을 수득할 의무, 본회에서 군대를 편성할 때는 그 병역에 복무할 의무, 자기의 경과 상황을 총부에 통보할 의무" 등을 가졌다. 그 총칙은 다음과 같다.

제1장 총칙

제1조 총회와 이사회는 특별규정이 유한 경우를 제한 외에 표결권리자 반수 이상의 출석으로 개의함을 득함.

제2조 모든 의안은 특별규정이 유한 자를 제한 외 출석원 반수 이상의 동의로 기 가부를 결함.

제3조 의사방법에 관하여 본 회칙에 미비한 자는 보통회의 예에 의하야 처리함.

제4조 직원은 총히 기명투표로 선거하되 투표총수의 과반수를 득한 자로 당선케 함.

제5조 보선된 직원의 임기는 전임자의 잔임기까지로 하고 만기된 직원도 재선함을 득함.

제6조 모든 보고와 제의안은 사건의 경미한 자를 제한 외에 총히 서면으
　　　로써 함이 가함.
제7조 정기회일이 국경일이나 일요일에 상치할 시는 순연함.

　　나창헌은 당시 26세의 나이로 노병회 이사 겸 교육부원에 임명되었
으며 통상회원이었다. 또한 1924년 6월 5일에는 농공부장으로 선임되
었다. 나창헌의 연령은 특별회원이었지만 그의 독립운동 경력이 반영되
어 통상회원으로 노병회의 지도적 위치에 있었다.
　　나창헌은 노병회 활동 시기에 상해에서 중국인에게 영자술靈子術을 가
르치며 병원을 설립하고 각 성에도 분원을 설치하였다. 그는 사천성 중
국군대 여단장의 난치병을 치료하여 신의神醫라는 명성을 얻기도 하였
다. 그리고 상해교민단 의사회에서 1924년 1월 12일에 새로 설치된 학
무위원회 위원으로 선출되었고, 1925년 10월 6일에는 의사원으로 선출
되었다. 이후 1924년 6월 17일에는 흥사단 원동임시위원회에 가입하였
고, 9월 23일에는 인성학교 시간교사로 초빙되어 아이들을 가르치기도
하였다.

임시대통령 이승만을 탄핵하다

국민대표회의에서 1923년 6월 7일에 조직된 국민위원회는 개조파가 회의에서 탈퇴한 뒤에 창조파 인사들만으로 회의가 진행되어 그 태생적 한계를 가지고 있었다. 개조파 인사들은 국민위원회의 불법성을 지적하면서 임시정부를 개조하여 각료의 개선과 법제의 개정 등을 해야 한다고 주장하였다.

개조파 인사 안창호와 이유필 등은 1923년 7월 2일에 임시정부 측의 홍진·손정도·이시영 등과 임시정부 각료의 개선과 임시헌법의 개정을 목적으로 임시헌법기초위원회를 조직하고 임시헌법기초위원회규정과 기초위원을 선임하고 발표하였다. 이들은 임시헌법 개정을 추진하는 한편, 1924년 2월에는 국외 각지의 독립운동 세력을 포괄할 수 있는 임시정부 중심의 통일책으로 대동통일취지서를 공포하였다.

이와 같이 개조파와 임시정부 인사들은 임시정부 중심의 통일책을 모색하면서 그 방침을 협의하고 실행할 기관을 조직하고자 하였다. 이에 따라 1924년 3월 21일에 상해한인청년동맹회 발기하였으며, 4월 5일 상해청년동맹회가 출범하였다.

개조파와 북만주와 서북간도 일대의 독립단 대표들의 협의가 이루어지는 가운데 1924년 7월 12일에 임시의정원 의원 윤기섭·윤자영·조상섭 등 20명은 "독립운동의 민족적 기초 조직을 견고히 하고 독립운동의 방침을 쇄신여행하여 독립대업을 촉성할 목적으로" 독립단 대표자회의 소집 건의안을 제출하였다. 이 건의안은 임시의정원 전체회의에서 1924년 7월 18일에 통과되었다.

이에 임시정부에서는 1924년 9월 3일 국무원령 제1호로 독립당대표자회의소집간장獨立黨代表者會議召集簡章을 발표하였다. 간장에서는 "독립운동의 민족적 기초 조직을 확고히 하고 독립운동의 방침을 쇄신 여행하여 독립대업을 촉성할 목적으로 본 정부는 독립당 대표회의를 소집함, 국무원 중에서 위원회를 조직하여 대표회의를 소집케 함"이라고 명시하여 임시정부가 소집의 주체임을 밝혔다. 대표는 100인 이상의 독립운동 단체에서 직접 1인씩(현저한 단체는 100인 미만이라도 대표 1인을 선출)을 선출하고 국치 이후 독립운동에 계속 노력하여 성망과 공적이 현저한 자에 한하여 임시정부가 지정하는 정부 지정 대표를 두었다. 상해 임시정부가 주체가 되어 모든 소집 사항을 관장할 수 있을 뿐만 아니라 정부 지정 대표를 둠으로써 독립당 대표자회의는 국민대표회의와는 성격을 달리하였다.

그러나 이러한 임시헌법 개정의 시도도 독립당 대표회의도 기호파 중심의 내각 조각과 경비의 축소를 통해 임정을 현상 유지하려는 이른바

'정부 유지책'과 자금 문제 등으로 실행되지는 못했다. 이승만은 1924년 6월에 발표된 '재외동포에게'라는 글에서 대동통일을 역설하며 임시정부에 반대한 단체와 지도자는 임정에 복종할 것과 복종하지 않을 때는 부자지간이나 형제지간이어도 단연코 의를 끊을 것이라고 단언하였다. 그리고 임정에 복종하지 않는 것은 독립을 방해하는 공적共敵이라고까지 극언하였다. 나아가 "과거 5, 6년간 지켜온 바 현 정부의 제도를 유지하여 이 단체의 명의로서 대한의 통일을 성취하고 광복의 대사에 최고의 기관이 되게 하려고 하는 데 있다"라고 하며 현상 유지책이 현 임정의 대정책임을 강조하였다.

이동녕

박은식

국민대표회의 이후 개조파가 임시의정원에 대거 참여함으로써 임시대통령 유고안이 1924년 6월 16일에 통과되었다. 임시의정원은 1924년 8월 21일에 "본 임시대통령이 직소職所에 귀환하기까지는 '유고'라고 결정하고 임시헌법 제17조에 의해 그 기간은 현 국무총리인 이동녕으로 그 직권을 대리"하게 하기로 결의하였다. 이에 이승만은 대통령 직권을 국무총리 이동녕에게 위임한다는 통지를 보냈다. 국무총리 이동녕이 대통령 직무대리를 맡자 이승만은 미주 지역의 의무금을 임시정부로 직접 납부하는 것을 금지하고 구미위원부로 납부하게 하는 것과 동시에 임시정부와 임시의정원에 대해 헌법개정·대통령대행권의 행사·독립당회의에 대해 반대한다는 내용의 서면을 발송하였다.

그러나 1924년 12월 일명 '민정식閔庭植 사건'의 책임을 지고 국무총리 이동녕 이하 임정 각원이 총사직을 하자 국무총리 박은식, 내무총장 이유필, 외교·재무총장 이규홍, 군무·교통총장 노백린, 법무총장 오영선, 학무총장 조상섭, 노동총판 김갑으로 임시정부 각료를 교체하였다. 이로써 1924년 12월 17일에 박은식을 국무총리로 하는 개조파 중심의 내각이 들어서게 되었다. 임시대통령 이승만의 유고에 대해 이승만은 국무총리 이동녕을 대통령 직무대리로 하여 임시정부를 현상 유지하고자 하였으나 '민정식 사건'으로 이동녕 내각이 총사퇴하게 됨에 따라 현상 유치책은 좌절되었다.

이즈음 나창헌은 1925년 2월 20일에 열린 임시의정원 개원식에서 평안도 의원으로 선출되었다. 그리고 3월 13일에는 임시의정원 의원 곽헌郭憲·최석순崔錫淳·문일민文逸民·고준택高俊澤·강창제姜昌濟·강경선康景善·김현구金玄九·임득산·채원개蔡元凱 등과 연서로 임시헌법 제14조에 부기한 서약과 동 제39조를 위반으로 임시대통령 이승만을 탄핵하고 심판하기를 결의한다는 결의안을 제출하였다. 그 탄핵안의 증거로 "상해에 보내야 할 하와이 교민의 인구세를 중지시킨 것, 정무를 분파하여 개인 의견에 복종케 한 것, 헌법과 임시의정원을 부인한 것" 등을 다음과 같이 구체적으로 들고 있다.

1. 1924년 겨울 정변 후 이승만으로부터 임시대통령 대리 박은식에 대해 '현정부 및 의정원의 제반 행사를 부인한다. 아울러 현정부 및 의정

원의 행위는 비법非法이므로 재미한인은 모두 이에 반대한다'는 통지가 있은 일.
2. 이승만으로부터 전前 재무총장 이시영에 대해 '각원 전부가 협의 조인한 송금청구가 있으면 송금할 것이나, 인두세는 정부에서 직접 수수할 이유가 없다'고 통지한 일.
3. 대통령이 임지를 떠나 항상 미국에 체재하여 그 직책을 돌보지 않는 일.

임시의정원에서는 1925년 3월 18일에 임시대통령 이승만을 임시헌법 제21조 제14항에 의하여 탄핵하기로 결정하고 심판부에 회부하였다. 임시대통령 이승만에 대한 심판위원장으로 선임된 나창헌은 심판위원 곽헌·채원개·김현구·최석순 등과 함께 3월 23일 이승만을 대통령직에서 면직한다는 심판을 내렸다. 그 심판서는 다음과 같다.

임시대통령 이승만 심판서

주문

(1) 임시대통령 이승만을 면직함.

사실 및 이유

1925년 3월 18일 임시의정원에서 통과한 임시대통령 이승만 탄핵안에 의거하여 그 위법사실을 조사한 증거를 열거하면, 1924년 12월 22일자로 전 재무총장 이시영 앞으로 보낸 공문, 동년 12월 22일자로 국무원 각위 회람으로 송부된 임시대통령 공문, 동년 7월 3일에 발신한 구미위원부 통신부 특별통신, 1925년 1월 28일에 발신한 구미위원부 통신 특별호, 동년 2월 13일부로 박은식에게 송부한 서신 등이다.

이승만은 구실을 외교에 가탁하여 직무지를 떠나서 5년간 원양遠洋의 한 구석에 떨어져 있으면서 난국 수습과 대업 진행에 아무런 성의도 다하지 않을 뿐만 아니라 허무한 사실을 제조 간포刊布하여 정부의 위신을 손상하고 민심을 분산케 하였음은 물론, 정부의 행정을 저해하고 국고 수입을 방해하며 의정원의 신성을 모독하여 공결을 부인하고, 심지어 정부의 행정과 재무를 방해하며 임시헌법에 의거 의정원의 선거로써 취임한 임시 대통령으로서의 자기 지위에 불리한 결의인 의정원의 결의를 부인하여 한성漢城 조직 계통 운운함과 같음은 대한민국의 임시헌법을 근본적으로 부인하는 행위다. 이와 같이 국정을 방해하고 국헌을 부인하는 자를 하루라도 국가 원수의 직에 둠은 대업 진행을 기약할 수 없고 국법의 신성을 보장할 수 없다. 뿐만 아니라 순국 제현이 눈을 감을 수 없는 바이며 또한 충용忠勇의 소망이 아니기로 주문과 같이 심판함.

임시의정원은 심판위원회의 판결에 따라 임시대통령 이승만의 면직 처분을 선포하고 구미위원부도 폐지하였다. 그리고 1925년 3월 23일에는 만장일치로 국무총리 박은식을 제2대 임시대통령으로 선출하였다.

이어 임시의정원은 1925년 3월 30일에 임시헌법 개정안을 통과시켰다. 박은식을 임시대통령으로 선출하고 임시헌법 개정안을 통과시킨 것이었다. 그리고 같은 해 4월 7일에는 임시대통령 박은식, 국무총리 겸 군무총장 노백린 등 임시정부 각료 명의로 대한민국임시헌법을 공포하였다. 개정 임시헌법은 제1장(제1~3조) 대한민국, 제2장(제4~17조) 임시

이승만의 면직을 보도한 신문기사(매일신보 1925. 4. 9.)

정부, 제3장(제18~26조) 임시의정원, 제4장(제27~28조) 광복운동자, 제5장(제29~31조) 회계, 제6장(제32~35조) 보칙으로 구성되어 있다.

 국무령제를 채택한 제2차 개정 대한민국임시헌법은 헌법의 적용 범위는 광복운동자로 축소하여 실질적 독립운동을 전개할 목적을 명백히 하였다. 이것은 임시정부 수립 이후 위임통치를 청원하여 물의를 일으킨 이승만을 대통령직에서 물러나게 하고 임시정부를 개조하여 정국을 수습하고자 한 노력이었다. 그리고 임시의정원은 1925년 4월 24일에

이상룡

7장 32조로 구성된 임시의정원잠행조례를 통과시켰다.

1925년 4월 7일에 공포된 대한민국임시헌법은 7월 7일에 시행한다는 조항에 따라 동일 임시대통령 박은식은 사퇴하였다. 그리고 임시의정원은 이상룡李相龍을 국무령으로 선출하였다.

이승만 탄핵 심사위원들의 약력을 보면 곽헌(본명 곽중규郭重奎)은 1922년부터 임시의정원 비서장과 임시의정원 충청도의원으로 활동하였고, 채원개(별명 채군선蔡君仙)는 중국 유하현에서 대한독립단 훈련책으로 활동하다가 1919년에 대한통의부 대표로 상해로 와서 국민대표회의 참석하고 임시의정원 평안도의원을 역임하였다. 김현구는 미주에서 신한민보 주필과 대한인국민회 북미지방총회 등에서 활동하다가 1921년에 북경 군사통일회의에 대조선독립단 대표로 참가하고, 1922년에는 임시의정원 의원을 역임하였다. 최석순은 1922년부터 노병회 발기인, 임시의정원 의원, 청년동맹회 등에서 활동하였다.

이들은 나창헌보다 연배도 높고 임시의정원 의원 활동도 빨리하였음에도 불구하고 이승만 탄핵 심판위원장은 나창헌이 맡았다. 이승만이 갖고 있는 명망성과 그를 지지하는 기호파 세력의 반대와 위협에 심적 부담을 가졌기 때문이었을 것이다. 그러나 나창헌은 이승만을 내분과 분열의 중심 인물로 여겼기에 기꺼이 심판위원장 자리에 앉아 탄핵을 주도하였다.

임시정부를 지키다

이승만 탄핵안이 통과된 뒤 상해 정국은 이승만을 두고 찬반세력의 대립이 격화되었다. 일제도 상해 주재 영사관 직원과 밀정을 동원하여 독립운동가들을 더욱 이간하고 분열시키는 일을 획책하고 있었다.

이러한 상황에서 나창헌은 1925년 4월 14일에 임시정부 내무차장 겸 경무국장에 임명되었으며, 그 직책을 가지고 6월 13일에 정위단正衛團을 조직하였다. 정위단 단장은 나창헌, 심판원은 강창제姜昌濟·고준택高俊澤, 조사원은 박창세朴昌世·유창준劉昌俊·김정근金貞根·박규명朴奎明·김예진金禮鎭 등이 선임되었다.

경무국장은 임시정부를 지키는 경찰 실무책임을 맡고 있었는데, 당시 경무국 소속 요원은 20여 명이었다. 그러나 임시정부 경무국 인원만으로는 임시정부와 한인 교포들의 생명과 재산을 보호하기에는 부족한 상황이었기 때문에 경무국 외곽 조직의 성격을 갖는 정위단을 조직한 것이었다.

정위단은 경무국 응원단임을 자임하면서 경무국 명의로 1925년 6월에 선언을 공포하였다. 선언에는 광복운동자의 명의를 도용하여 우리 동포의 생명과 재산을 빼앗는 불량분자를 처단함에 있음을 분명히 밝혔다. 다음은 정위단의 선언 내용이다.

강도 왜적의 침략으로 국가는 멸망하고 머나먼 타국으로 떠돌아다니는 망명지사와 고국에서 울부짖는 백의동포가 부평과 같은 생활을 이역異域에서 영위하고 있다. 상해 거주하는 자 많음은 상해가 광복운동자의 최고 기관인 우리 임시정부의 소재지로서 학문수련에 적합하고 상업계의 중요 항구이기 때문이다. 이 같이 상해가 우리 정치상 수학상 상업상 밀접한 관계를 갖고 있기 때문에 독립운동자가 모여들고 유학생이 날로 증가하며 상공가로 점점 번성하여 전도에 낙관할 것이 있다. 그러나 그 반면에 일부 불량배는 민족의 체면을 훼손하고 독립운동자의 위신을 더럽히고 손상시켜 자못 신성한 광복운동자 단체의 명의를 사칭하여 학자금을 강탈하고 상인의 자금을 빼앗으려 하며 한 익명의 투서로서 동지의 명예를 실추시키는 등의 불상사가 적지 않다. 이것을 방임할 때는 다만 교포의 생명과 재산이 위험할 뿐 아니라 대한의 앞길에 악영향을 미친다. 이에 우리는 상해 한인 각계 가운데 유지의 청년남아를 규합 분기하여 본 정위단을 조직하여 교포의 생명 재산을 보호하고 불의의 위해를 정당히 방책할 것을 이에 선언한다.

정위단은 사무소를 상해 프랑스 조계 포석로蒲石路 창여리昌餘里 72에 두고 다음과 같은 단칙을 정하였다.

제1조 본단의 명칭은 정위단이라 칭한다.
제2조 본단의 취지는 재상해 동포의 생명 재산을 침해하고 사회질서를 문란케 하는 불량분자의 활약을 근본적으로 제거하는 것을 목적으로 한다.
제3조 단원의 자격은 지혜와 용기를 겸비한 18세 이상의 자로 한다.
제4조 단원의 권리는 제의 표결선거 피선권을 가지며 의무는 단무에 절대 복종함과 의무금을 납입하는 의무를 가진다.
제5조 직원 및 직권은 다음과 같다.
  1. 단장 1인
  2. 비서 1인 내지 3인
  3. 조사부원 약간명
  4. 단장은 단을 대표하여 단무를 통할 지휘한다.
  5. 비서는 단장의 지휘하에 단내 서무 재무 및 각종문서를 맡아서 처리한다
  6. 조사부원은 일반사회의 사정과 비밀을 조사하여 매월 말에 단장에게 보고하고 특별한 사항은 이 한정에 두지 않으며 각 직원의 임기는 1개년으로 한다
제6조 본단의 경비는 단우의 의무금 의연금 대외보조로서 충용한다.
제7조 입단자는 단우 2인 이상의 소개가 있는 자로서 직원의 결의로서 허락한다.

제8조 총회는 년 1회 1월에 단장이 소집하며 일시는 단장이 정해 일주
전에 각 단우에게 통지한다.
총회에서 직원개선 및 각종의사를 결정하고 단내 경과상황 및 경비결
산을 보고한다.
단 필요로 인정할 때에는 단우총수 3분의 1의 청구가 있을 때는 임시
총회를 개최할 수 있다.
제9조 단내의 비밀을 누설하거나 또는 단의 명예를 훼손 또는 단칙을 위
반한 자는 퇴회를 명하고 또는 정기 자유를 구속하는 죄에 처한다.
단 징벌은 단원에 대해서는 직원회에서, 직원에 대해서는 단우 3분 1
이상의 결의로서 직원회를 거쳐 단행한다.
제10조 단칙의 수정 또는 증감은 총회에서 출석원 과반수의 결정에 의한다.

그런데 1925년 12월 3일 새벽에 정위단원 박희곤朴熙坤·박영호朴永浩·김필열金必烈 외 4명이 임시의정원 의원 여운형을 구타하는 사건이 일어났다. 그 발단은 1925년 7월 재상해 아주민족협회亞洲民族協會 집행위원 중국인 오산吳山이 영국 조계지에 위치한 영안공사永安公司에 동회 간부를 초대해 다화회茶話會를 개최하였는데, 여운형이 각 단체의 양해도 없이 독단으로 이 모임에 참석하여 그 자리에 참석한 일본인과 접촉하였다는 이유였다.

구타 사건 당일 임시정부 경무국은 그 사정을 청취하기 위해 가해자인 정위단원 박희곤에게 호출장을 송달하였다. 그러나 박희곤 등은 호출에 응하지 않고 호출장 여백에 "만일 조사할 일이 있으면 우리 집회소

에 오라"고 쓰고 송달인을 되돌려보냈다. 경무국장 나창헌은 정위단원 등 8명을 보냈으나 오히려 박희곤과 박영호 등으로부터 총격을 받고 단원 박창세와 김창건金昌健 등이 부상을 당하였다.

나창헌은 이에 대해 법적으로 강력한 대응을 주장하였으나, 정치적 해결을 주장한 이상룡과의 의견 대립이 생겨 상해 정국은 분국을 맞이하게 되었다. 이 사건에 대해 정위단원이 여운형을 구타하고 또 정위단원 간에 충돌이 일어났다는 점에서 나창헌의 정치적 연극으로 보이기도 한다. 그러나 나창헌은 많은 고민과 번뇌를 하였다. 더욱이 경무국장직을 위탁받고 그 직임을 수행해야 할 위치에서 자신이 취해야 할 조치가 사소한 감정이나 당파 관념이 아닌 오로지 독립운동의 장래와 대계를 전망한 이성적 판단이 되어야 한다는 결론에 도달하였다.

나창헌은 1926년 1월 25일에 아래와 같은 성명서를 발표하여 밝힌 것처럼 독립운동세력 간의 노선 차이로 인한 정위단 내의 분열로 보아야 할 것으로 생각된다.

성명서

1925년 12월 3일 박희곤 등 7인이 여운형의 전 가족을 난타 부상시키고 정부의 호출에 반항하여 정부원 박창세·김창건 2인을 총격 중상시킨 것이 동기가 되어 뜬 소문의 등사물이 속출하고 구타의 참극이 여러 번 일어났다. 이것은 필경 시비 혼동하고 질서를 극도로 문란시킴은 우리가 독립운동사회에서 일찍이 없던 큰 불상사이다. 나창헌은 이를 해결하는 데 직접적인 책임을 가진 경무국장 사무위탁의 직에 있으면서 성심성위를 다하여 사건의 법적 해결을 기도하여 왔지만 밖으로는 일부 인사의 당파적 못된 장난이 심하고 안으로는 상부의 간섭에 무리한 것이 있어 본래의 기도를 실현할 수 없을 뿐만 아니라 피해자인 박창세를 중심으로 한 정위단 김창건이 참가한 병인의용대의 원한과 분노는 날로 더욱 격심하여 다시 또 대참극을 연출하려고 함은 피할 수 없는 현재의 사실인 것 같다.

그러나 국무령으로부터 이미 본건에 관하여 사무를 정지당하여 유명무실한 경무국장으로서는 속수무책의 자리에 앉아있을 수밖에 없게 되었다.

실지를 힘쓰는 나창헌으로서는 이와 같은 유명무실한 직임을 가지고 재삼 참극을 방관 묵과한다는 것은 매우 불쾌한 바이므로 단연 경무국장 사무위탁의 직을 사임하는 동시에 일개 인민의 자격으로 이 사건의 시비 여하와 책임 소재를 명백히 하여 장래의 선후책을 공론에 부치려고 이에 이것을 성명하는 것이다.

바라건대 동포제위는 구구한 감정이나 당파관념을 버리고 독립운동의 장래를 위해 냉정한 두뇌로 이성적 판단을 내려주기를 바란다.

1. 사건의 법적 근거

질서가 문란한 사회로 하여금 법치적 사회가 되게 하려면 우선 법률의 신성을 확립하지 않으면 안 된다. 문명의 국가가 인권의 불가침을 법률에 의해 보장하고 법적 판결이 없이는 인민을 벌할 수 없음은 바로 법률의 신성을 확립한 때문이다. 만일 개인 또는 군중이 법률신성을 무시해 사행私刑을 집행하려고 한다면 법의 권위는 하루아침에 땅에 떨어져 사회는 살인의 구렁으로 변할 것이다. 상해에서 우리 사회의 법적 처결의 공공기관이 임시정부임은 자타가 모두 인정하는 바이다. 독립운동자 간의 범죄 사실은 우선 정부에 고발하여 법적 판결을 기다림은 독립운동자가 당연이 해야 할 것인데 박희곤 등이 여운형의 가택에 무리 지어 침입하여 그 가족 전체를 난타 치상케하고 담을 넘어 도주하였음은 여운형의 유죄 무죄를 불구하고 정부를 무시하는 비법적 행동이다. 그뿐 아니라 피해자의 고발에 의해서 경무국에서 소환함에도 응하지 않고 오히려 정부 파원을 총을 발사하여 치상케 하였다. 이 같은 행위는 정부 및 독립운동 기관 전체를 무시하는 것이다. 이에 대해 사형私刑을 가하그 더우기(더욱이 – 필자 주) 정부 파원을 치상케 함은 모두 범죄를 구성하는 것이다. 따라서 병인의용대에서 김규면金奎冕·윤자영尹滋瑛 등을 구타 치상케 하였어도 그 이유가 보복적이던 정부에서 처치하지 않음을 불문하고 법률상의 범죄를 구성하는 것은 전자의 사형 행위와 동일하다.

2. 국무령 이상룡과 그 조카의 실조失措

위에서 말한 것과 같이 박희곤 등의 범죄 사실은 명백하므로 경무국으로서는 단호한 조치를 취하지 않으면 안 된다. 한편 여운형의 피의 사실을 정밀히 조사하고 한편으로 박희곤 등을 체포하려 할 때 의외에도 1925년 12월 14일 국무령 이상룡으로부터 "다시 지시가 있을 때까지는 사건의 진행을 전부 정지하라"는 훈령을 접하였다. 상부의 명령이므로 오직 복종할 수밖에 없게 되었는데 그 후 한 달 남짓 이 국무령은 어디론가 도피하고 어떤 지시도 없을 뿐만 아니라 사건 발생 당시 상해 교민 100여 명의 연서로 국무령에게 사건의 법적 처결을 청원하였는데 이 국무령은 3일간을 기다리면 법적 해결을 하겠다고 언명하였음에도 불구하고 12월 12일 비밀리에 도피하면서 전기 사무정지를 명하는 훈령을 발하여 2일 후인 곧 동 14일 경무국에 전달케 하고 도망하여 물러난 후 금일에 이르기까지 아무런 "새로운 지시"가 없으니 인민과 부하에 대해서는 신의가 없고 또 의정원에 대해서는 입법기관의 독립을 무시하고 의원으로부터 제명하라는 위헌적 공함을 발하는 등 실태가 속출하여 정부의 위신을 실추시키고 사건의 악화를 조장하였다. 그의 조카 이광민李光民은 현 정부 회계의 자격으로 참변 전 어느 주연 석상에서 선동적 언론을 토한 일이 있다. 참변 이후에는 항상 수차례 은어로 박범朴犯(박희곤) 등을 엄호할 뿐 아니라 최근까지도 박희곤 등과 비밀히 회합하여 기맥을 상통하고 기타 무근한 요설, 예를 들면 모모는 여운형을 외교총장으로 하는 당내각을 조직하려고 한다. 그리고 모 단체는 적탐敵探을 처벌하지 말라고 그 단우에 명령하므로 자기 숙질叔姪을 제외한 외의 정부원은 전부 여운형 옹호파 등의 말을 유포하여 이간 중상을 일삼고 있고 한편 박범 등의 기세를 장앙張昻시키고 한편으로는 피해자 측의 분노를 자아내어 드디어 1월 10일 참극을 도발하는 데 이르렀을 뿐 아니라 이광민은 병인의용대가 비독립운동자의 집합이라는 말을 유포하여 이 대의 분노를 격발시키는 등 무책임 무성의한 행위는 장래 위험 천만한 것이다.

특히 나창헌은 이광민에 대해 금회 국무령이 의정원 또는 정부원에 조금도 알리지 않고 봉인 도피하였음은 심히 실책이므로 속히 돌아오게 하라고 성의를 다하여 충하였으나 이광민은 당당히 대답하기를 이 난국에 즈음하여 국무령을 무리하게 돌아오게 할 필요가 없다고 말하고 국무령의 주소도 교시하지 않았다. 그러면 이 국무령은 시국이 곤란한 때는 자유로이 이것을 피하여 평안히 나날을 보내고 그 부하가 각기 고초를 맛보며 시국이 안온하게 한 후 나와서 국무령의 권리만을 행사하려고 하는 국무령인가 정부의 총책임자인 국무령으로서 자기의 안전만을 위해 사사로이 피한다고 하면 뒤에 남아 있는 일개 경무국장에게 정부의 중대한 총책임을 부담케 하려는 것인가? 수령의 자격으로 이러한 신의 없는 일이 있으리라고도 생각되지 않는다. 어리석은 나창헌이 아니라면 총책임자인 국무령이 책임을 버리고 도피하여 국무원이 사임하는 이러한 경우에 소직小職의 1인인 경무국장으로서 일시각도 이 자리에 있을 필요가 없고 그때 바로 사임하였을 것이다. 그러나 어디까지라도 우리 수령을 믿고 내 책임을 다하려고 한 나창헌으로서는 나 개인의 안일만을 위해 사임하는 것은 온당하지 않다고 생각하였기 때문에 그 사이 한편에서 황제시대 이상의 강권을 행한다던가 한편으로는 범죄자는 처벌하지 못하고 보복자를 구속한다는 등의 비난이 좌우로 핍박하였음을 돌아보지 않고 지금까지 여러 가지의 성의와 고충을 다하여 계속한 것이다. 이광민은 이 국무령을 청해 오는 데 대해 이상과 같이 반대의 주장을 하는데 국무령은 독립운동자의 국무령이며 우리 정부의 국무령이다. 결코 이광민 개인의 국무령이 아님에도 불구하고 국무령의 거취에 대해 이광민 개인이 이를 좌우한다는 것은 적어도 법을 무시하는 것으로서 정부원으로서의 체면을 훼손시키는 것이다.

이상의 사실에 비추어 이상룡 조카는 본건에 대해 모든 책임은 면하기 어려운 것이다.

3. 정신 불철저 문제에 대해

근래 사회주의를 표방하는 독립운동자 중에 주의에는 국경이 없다는 관념에 기인하여 우리 민족의 불구대천不俱戴天의 원수인 왜노를 상종하고 친교하는 자가 없지 않다. 예를 들면 근일 특히 소란한 일인日人 당원에 러시아인을 소개한 여운형과 일인 당원과 친교하여 숙식을 같이하는 김규면·윤자영 등이 이들이다.

국토를 광복하기까지는 독립운동을 유일한 최고운동으로 인정하는 나창헌으로서는 그 정신의 불철저, 그 행위의 믿을 수 없음을 통감하는 것이다. 본인은 반드시 사회주의 그것에 반대하는 것은 아니나 현재 우리 입장을 보면 독립운동을 이탈한 사회주의자 즉 주의관계라 말하고 적인敵人과 상통하는 따위는 결코 허용해서는 안 될 일이라 하겠다. 또 여운형의 아주협회 사건에 대해 나창헌이 경무국에 있는 동안에 조사한 바에 의하면 아주협회의 회원이 아님을 인식하였다. 그러나 오산吳山의 청을 받아 왜노 돈궁관頓宮寬이 열석한 모 연회석에 참가한 것은 사실이다. 소위 연회석이라는 것은 적어도 친선의 의미를 표시하는 것인데 그렇다면 철저한 독립운동자로서 왜노가 열석한 그 연회석에 동참하여 친선의 의미를 가진 그 반식飯食을 같이 먹을 수 있겠는가? 나창헌으로서는 만일 그 친우인 오산이 초대하였다고 한다면 천리안이 아닌 이상 그 회석에 출두는 하였을 것이나 왜노의 참석을 지각한 동시에 오산 아니 중국 대통령이라도 그가 한국 동지에 대한 대우를 엄하게 꾸짖고 곧바로 퇴석하였어야 한다. 그런데 여운형은 그 석상에서 식사를 같이 하고 퇴석한 것이 사실이므로 여呂가 오산을 대하고 바로 퇴석하기 어려웠다고 하면 일개의 중국 친구인 오산의 면목 때문에 우리 독립정신의 신성을 지키지 못함은 결코 우리 사회에서 용인할 것이 못된다. 또 만일 사회주의자의 국경타파주의에 의해서 이 같은 행동을 감행하였다고 하면 상기의 이유에 의해 나창헌은 이 또한 절대로 배척한다.

4. 의정원에 대해

신헌법을 실시하고 국무령을 선거하여 반년을 지나 새로운 내각을 조직한지 4개월이 되었으나 각의閣議는 의연히 이루어지지 않는 중에 있고 취임한 각원 가운데도 사퇴자가 있다. 또 이상룡은 행방을 알리지 않고 도피한 지 수개월이 가까이 되었다. 그 도피상황을 논하면 인민을 속이고 부하를 속여 밤을 틈타 도피하였다. 이것을 국가 영수의 행동이라고 말할 수 있는가? 그 무신무의無信無義가 이와 같고 거ㄱ다 그의 거소도 알리지 않으니 그 무책임 무성의가 이와 같다. 의정원에서는 어떤 정책관계인지 알지는 못하나 이에 대한 어떠한 조치도 취하지 않음은 책임감이 없는 일이다. 하루라도 빨리 구제책을 강구 실행하여 현재의 분규를 해결해야 할 것이라고는 하나 우선 무정부 상태를 면하게 하기를 희망한다.

5. 요언사설謠言邪說에 대해

본 사건 발생 이래 각종의 근거 없는 망설이 구설口說 혹은 문자로 전파되었다. 이러한 혼란한 시국에 당해서는 모름지기 법률적 두뇌와 이성적 판단에 의해 일언일사一言一事에 책임 있는 행동을 해야 한다. 이것은 이후 질서를 회복하는 유일한 길이다. 조금이라도 증거 없는 사실을 억지로 날조하여 모 출판물, 모 단체는 모모의 소위이다. 혹은 괴뢰라고 말함은 이간을 도모하는 자의 말이며 일소에 부칠 것이나 여기서 명언하는 바는 지금까지 경무 당국자로서 본인은 성의를 다하여 사건의 평화적 해결을 기하였을 뿐이나 상부의 명령에 의해 속수방관할 때는 자연 형세로 보아 반동의 행위로 봉기할 각종의 사물과 과격한 행동을 힘이 미치는 데까지 미연에 방지하려고 도모하였다.

이상 사건의 시비와 책임의 소재를 나의 견해대로 대략 밝혔는데 우리가 특별히 주의해야 할 것은 이 시기에 적이 기회를 편승하는 것이다. 적탐이 이번 사건 발생 후 이 사건을 이용하여 우리 동지 간에 이간 중상책을 써서 프랑스 조계에 거류하는 우리가 동포에게 무수히 보내오는 서신 중에서 경무국으로 전입한 것만도 이미 17매가 된다. 생각하건대 이에 이르러서는 손이 떨리고 가슴이 아파서 견딜 수 없다. 동포 제위는 일시의 흥분에 의해 시비를 혼동하지 말고 오래 묵은 원한이 있어도 이를 잊고 오직 동포동지의 의義로서 손을 마주잡고 결속하여 사업을 향해 맹진하고 동족 간으로 향한 총구를 저 불구대천의 원수인 왜노와 그 주구에게로 돌리고 이번 사건을 거울삼아 사형私刑의 악습을 일체 폐지하고 법률과 정부의 신성을 옹호하여 장래 우리가 운동선상의 질서 확립을 도모하기를 바란다.

나창헌이 쓴 이 성명서는 당시 교민사회와 독립운동계의 정황과 현실, 그리고 문제를 적나라하게 보여주고 있다. 여기에 나창헌은 과거에 자신도 당하였듯이 일제가 밀정을 통해 이간책으로 동포사회를 분열시키고 있음을 경고하였다. 그는 동포를 적으로 하는 일 없이 결속하고 법률과 정부의 신성을 옹호할 것을 호소하였다. 나창헌의 성명서는 일제 영사관 경찰에 입수되어 일본 외무성에 보고되었고, 일본어로 번역되어 정보문서에 첨부되었다.

성명서는 여운형 구타사건에 대한 해명서지만, 나창헌이 1920년 1월부터 1926년 1월까지 만 5년간 상해에서 활동하면서 그가 인식한 분열된 독립운동가나 단체의 문제가 그대로 노정露呈되어 있고 성명서를 통해 나창헌의 민족의식을 들여다 볼 수 있다.

나창헌은 우리 독립운동가들의 법적 처결의 공적기관은 상해 임시정부이기 때문에 독립운동가 사이의 범죄 사실은 임시정부에 고발하여 법적 판결을 받아야 마땅함을 밝혔다. 이 때문에 나창헌은 정위단 단장이었지만 정위단원들의 여운형 구타사건은 개인적 형벌私刑인 비법적 행동으로 규정하였다. 또한 자신이 1926년 1월 1일에 조직한 병인의용대원이 일으킨 김규면과 윤자영 구타사건도 비법적임을 지적하였다. 또한 국무령 이상룡이 법적 처결을 주장하는 경무국장 나창헌의 조치를 중지시키고 상해를 떠남으로써 여운형 구타사건이 유야무야된 것을 비판하였다. 더불어 이상룡의 조카로 임시정부 회계를 맡고 있던 이광민이 여운형 구타사건의 가해자를 옹호하는 태도를 취한 것을 비판하였다.

나창헌은 사회주의 자체에 반대하지는 않았지만 일본인 사회주의자와 교류한 여운형·김규면·윤자영을 비독립운동가의 처신이라고 비판하였다. 그러나 중국·일본·한국·인도·필리핀·타이완인 등을 회원으로 하며 아시아 민족의 단결을 표방하는 아주민족협회는 반제국주의적

색채를 가지고 있었다. 일제의 침략 세력과의 연계는 비독립운동가의 처신이지만, 나창헌은 반제국주의 노선을 가진 일본인 사회주의자와의 교류까지도 부정해 버리는 극단적 민족 인식을 가지고 있었다.

또한 나창헌은 일제가 이 사건을 이용하여 독립운동 세력에게 가하는 이간책에서 벗어나 독립운동가 사이의 근거 없는 중상모략을 중지하고 임시정부를 중심으로 독립운동으로 나갈 것을 강조하였다.

의열투쟁에 뛰어들다

나창헌은 여운형 구타사건으로 인해 정위단과의 관계를 끊고 행동대인 병인의용대丙寅義勇隊를 조직하였다. 이제 본격적으로 직접적 의열투쟁에 나섰다.

1926년 1월 1일 조직된 병인의용대는 현재 60여 명의 대원들의 명단이 밝혀졌다. 평안북도 출신의 20~30세 청년들이 주축을 이룬 병인의용대 대원들은 임시정부 경무국 요원과 내무부 간부, 한국노병회의 이사 및 회원, 정위단과 흥사단 원동임시위원부 회원 등에서 활동하는 열혈 청년들이었다.

창립대원 가운데 다수는 일제 앞잡이 처단, 일제 기관 폭파, 군자금 모집, 폭탄 제조 등의 경험을 가진 이들이었다. 1920년에 평북 선천군 태산면장 김병탁金秉鐸 처단 의거에 참가한 이수봉李秀峰, 의용단 서무부장으로서 1920년 8월 평양 폭탄거사 실행에 참가하였다가 탈출한 김예

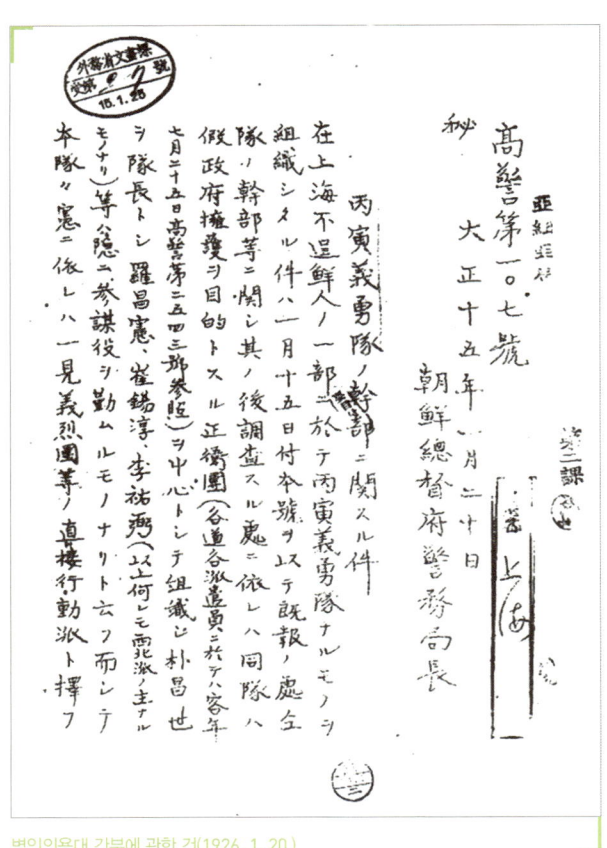

병인의용대 간부에 관한 건(1926. 1. 20.)

진金禮鎭, 광복군총영 대원으로 1920년 8월 선천 폭탄거사에 참여하였던 임득산林得山 등이 대표적 인물이다. 병인의용대 대헌隊憲에는 조직 목적과 체제를 아래와 같이 명시하고 있다.

병의의용대 대헌

제1조 본대는 병인의용대라 이름 한다.

제2조 본대는 적의 모든 시설을 파괴하고 임시정부의 신성神聖을 보호하고 뒷받침하는 것을 목적으로 하는 비밀결사로 한다.

제3조 본대 대원은 연령 18세 이상의 독립운동자로서 신체가 튼튼하고 모험적 용기와 능력을 가진 자를 간부회의에서 입대를 허락한다.

제4조 본대 대원은 간부의 지도에 절대 복종하고 대의 비밀을 절대 엄수할 의무를 가진다. 단 간부의 지도에 복종하지 않거나 또는 대의 비밀을 누설할 때는 비밀리 극단의 조치를 취한다.

제5조 본대는 참모부, 사령부, 경리부를 두고 각 임무를 분장한다.

제6조 본대의 간부는 대장 1명, 대부隊副 3인으로 하고 대장은 대무隊務를 관장한다.

제7조 부무部務분장, 대원복무에 관한 규정은 간부회의에서 정한다.

제8조 본 대헌은 대한민국 8년 1월 1일부터 시행하고 필요할 시는 간부회의의 제의에 의해 대원총회에서 개정한다.

병인의용대는 일제의 모든 기구를 파괴하고 대한민국임시정부를 절대 지지하는 것을 목적으로 하는 비밀결사 의열투쟁 단체였다. 대장 1인, 대부 3인으로 구성된 간부회의와 대원 전체가 참가하는 대원총회가 최종 의결기구 역할을 하였다. 실행기구로는 참모부, 사령부, 경리부를 두었다.

대헌에는 보이지 않지만 나창헌은 병인의용대 고문을 맡았다. 그리고 총무 겸 전략참모에 강창제 등이 선임되었다. 의열투쟁을 직접 실행하는 행동대는 3개대가 조직되어 있었다. 제1대는 대장 최병선崔炳善·부대장 고준택, 제2대 대장 김석룡金碩龍·부대장 고준택, 제3대 대장 강창제·부대장 강영근姜永槿 등이다. 병인의용대 대원들은 입단할 때 다음과 같은 서약서를 작성하고 서약식을 거행하였다.

본인이 지금 한국병인의용대에 대원으로 입단이 허락되어온 바 금후로는 본대 헌칙憲則과 제규율을 절대 준수하여 단순한 정신으로 왜적의 모든 시설을 파괴하는 폭력운동에 전심전력하여 전도에 어떠한 위험한 환경의 변동이 있더라도 이 뜻을 영영 불변한 것을 이에 서약함.

병인의용대가 추구한 의열투쟁의 방법은 다음과 같은 1926년 2월 12일에 발표된 창립선언서에 잘 드러나 있다.

본대는 임시정부의 기치 아래 철혈주의로 독립운동에 스스로 투신하는 의용청년이 연합하여 적의 모든 시설을 파괴하고 적에 부수하는 일체의 이적 행위를 제거하기 위해 이를 선언한다.
오호라. 반만년 이래 조종의 위업은 만이蠻夷의 춘몽을 자성藉成하는 부용지가 되고 2천 만 신성민족은 견양의 식욕을 채울 수 없는 한 덩어리의 도마 위 어육이 되었으니 참담한 정상은 이보다 더 심한 것이 없고 위급한 형세는 낭떠러지 돌과 같고 오랜 바람과 먼지에 허다한 희생을 내 7년의 운동은 오직 반성半城의 땅도 광복하지 못하였다. 그리고 지금에는 선언 당시의 성대한 기염은 늦춤과 죔의 차이가 있다. 그런데 운동사회의 근본방침과 중심 여론은 아직 확립되지 못하였는데 이에 더하여 불령무뢰한 무리는 기회를 편승하여 간계를 획책하고 민족의 체면을 더럽히고 손상시켜 사회질서를 문란케 하는 폐단이 계속 일어나고 있으니 이는 실로 유지자의 발분 개탄하는 바이다.

본대는 3·1선언의 기본 약속을 받들어 1인 1각까지 최후의 노력으로서 민족의 전위를 자임하고 사회의 기율을 엄수하여 전선의 통일을 보유하는 신성으로서 전 운동의 대본영인 임시정부의 권위와 정신을 옹호·선양하여 적의 정치상·경제상 모든 시설을 파괴하고 침략 정책을 꾸미고 행사하는 일제 관리와 제국주의의 주구배인 한간韓奸을 습격·암살하는 적극행동을 취한다. 그 반면에 현저한 독립 …… 자유 …… 대광명 대번화를 환영하려고 한다.

혁명은 길이 있다. 말하자면 흑철黑鐵과 적혈赤血 뿐이고 다시 제2, 제3이 없다. 암살 파괴는 혁명가의 더할 나위 없는 무기이며 유일한 수단이다. 차제에 적에게 사정을 설진하여 참정권을 구걸하고 자치권을 운동함은 민족정신을 말살하는 반역 행동이다. 민흉閩兇의 후주後誅를 다시 가함은 물론이거니와 적에는 24사단 병력이 있으므로 우리들도 각각 대항하기에 충족한 실력을 보유하지 않으면 안 된다고 말하는 수자비례를 장황이 설도하는 자가 어찌 혁명가이겠느냐 생각건대 혁명가의 상대방은 하시라도 강대하다. 그 강대한 폭력을 타도 전복시키려면 오직 암살과 파괴뿐이다. 귀하가 과연 혁명가라면 폭탄을 안아라 칼과 친하라. 의혈이 가슴에 가득찬 기력이 강장한 청년동지들이여 오라, 전진하라. 우리들은 호무선

궁호무선ㄹ好武善ㄹ 하였던 강용한 민족이다. 검두에 선혈을 무치고 신비의 묘경을 개척한 역사적 유훈을 체험하여 오직 흑철黑鐵과 적혈赤血로써 성국盛國의 기업基業을 대정大定하라.

병인의용대는 철혈주의를 표방하고 암살·파괴대상으로 일제 주구(앞잡이) 숙청, 반동분자 엄단, 적의 정치상·경제상 중요시설 파괴 및 중요인물 격살을 주요 임무로 내세웠다. 여기서 철혈은 흑철적혈의 줄임말로 '흑철'이란 무기를 뜻하는 것이다. 나창헌은 철혈단 선언문에서 "우리들의 독립은 총과 검과 혈이 아니면 성공할 수 없다"고 천명하였듯이 철혈주의와 철혈투쟁은 병인의용대가 추구하는 독립운동 방략이었다.

한편 병인의용대는 임시정부를 보위하는 비밀결사적 의용청년의 결속체로 자임하였다. 경무국장인 나창헌이 병인의용대 대장을 겸직한 것을 보아도 알 수 있다. 병인의용대의 이러한 철혈주의는 북간도 국자가局子街에 산포되었던 아래와 같은 1926년 5월 5일자의 격고檄告에서도 뚜렷이 드러난다.

아아, 한혈한혼韓血韓魂의 형제여 자매여, 일어나라. 싸워라. 원수 왜놈을 살려두고는 우리들이 살 수 없다. 우리는 왜놈에게서 학살당하고 악형을 받으며 능욕당하는 자의 아버지이며 자식이며 형이며 동생이며 처이며 남편이다. 우리의 모든 존영과 문화를 훼손하는 자도 왜놈이다. 우리의 모든 권리와 산업을 강탈하는 자도 왜놈이다. 우리를 잡으려고 하고 우리를 죽이려고 하는 자도 역시 왜놈이다.

이같이 포악하고 악독하며 악랄한 혈수대적血讐大敵을 살려두고 우리가 어떻게든 살아가려고 해도 살 수 없다. 가령 이리저리 옮겨 다니며 십사구생의 한 올을 보전하더라도 그 살아가는 마음이 어찌 즐거울 것이며 몸이 어찌 영화를 누리겠는가. 구차하게 삶을 도모하는 것은 차라리 죽음을 부를 뿐이다. 이에 본대는 우리가 진정으로 살아가는 길은 저 원수와 결사일전하는 데에 있다고 큰소리로 외치는 것이다. 원수와 싸워 죽더라도 그 죽음은 즐겁고 영화를 누리는 것이며 영생의 죽음을 뜻한다.

아아, 저 처지에 있는 우리들로서 도리어 죽는 것을 미련 없이 깨끗하게 할 수 없는데 원수의 강폭에 위협받더라도 돌이켜 생각할 것 없이 꺼릴 것 없이 작탄과 총검과 모든 무기를 있는 대로 쥐고 원수의 종자를 만날 때마다 왜놈의 시설을 포설할 때마다 전부 이것을 극격하여 파괴하자. 이것이 무엇보다도 우리의 마음에 쾌활하고 실행에 간편하며 처지에 적합하다. 그런데 우리가 원수와 싸우면, 싸워서 이기면, 무기를 말하는 것보다도 자금을 논하기보다도 제일 급무는 대오의 편성, 즉 동지의 신의 있는 조직적 결합이다.

용맹한 무사들이여, 열렬한 청년들이여, 충실한 투사들이여. 지금은 어느 때인가. 앞으로 나아갈 길은 탄탄할 뿐 세월은 화살과 같다. 와서 모이자, 일어나자, 싸우자. 이충무공의 정령은 우리를 부른다. 안 의사의 충혼은 우리를 지도한다.

아아, 와서 모이자, 일어나자, 싸우자. 지금이야말로 조직기이며 실행기이다. 우리의 모든 힘과 지혜와 책략과 기타 모든 소유를 한곳에 집중하여 저 원수 왜놈을 타도 토멸하는 데에 전력하자. 우리의 모든 감정, 모든 불평. 모든 불만은 전부 원수 왜놈에게 되돌리고 동족 간의 시비문제는 아직 그 있는 대로 와서 모이자.

사회주의의 형제들이여, 세계혁명을 기도하는 것은 그 뜻이 높고 계략이 크며 우리들도 찬성하는 바이다. 그렇지만 지금 우리는 우리의 독립이 무엇보다도 급선무이다. 원수 왜놈은 누구보다 증오스럽다. 우리의 운동 역량을 이곳저곳에 분할경감하지 않고 이 시기에 우리의 가장 급선무인 독립운동에 전력을 경주하라. 와서 모이자. 교육·실업·외교·선전 등 사업을 꾸짖고 비웃는 형제여, 동족의 사업을 비방만 하지 말고 저들의 주장이 무엇인지 주장을 실행하라. 폭력운동을 입으로만 붓끝만으로 마음만으로 하는 것뿐이다. 실천궁행을 하여 보라. 일어나자. 싸우자.

대동통일을 꾀하는 형제들이여. 일에 견해가 있고 방책에 같은 동지만이 한 걸음 두 걸음 함께 가는데 대통합의 적당한 기회임을 각오하라. 와서 모이자. 우방의 원조를 생각하는 형제들이여. 좋기는 좋겠지만 그것도 우리가 합하여 우리가 일을 하는 가운데에 있다. 와서 모이자. 움직이자. 우리의 모든 운동은 임시정부 기치하에서 진행하자. 임시정부는 우리의 많은 심혈과 많은 생명과 바꾼 우리의 대본영이다. 최고기관이다. 이 기관의 성쇠에 따라 우리 앞길의 승패를 판정할 것이다. 우리는 임시정부의 신성을 어디까지나 보장하고 옹호하지 않으면 안 된다. 와서 모이자.

아아, 우리의 앞길은 우리 손으로 개척할 따름이다. 한국의 용사들이여, 무사들이여, 영웅들이여. 진정으로 왜놈이 원수임을 안다면, 진정으로 혁명의 길이 철혈임을 안다면 폭탄이 아니라 총을 잡고 검을 품고 피를 흘리라. 이는 우리의 유일한 도덕이다. 더 없는 광영이다. 마츄리(마치니

Giuseppe Mazzini)는 누구인가, 워싱턴은 누구인가. 건국영웅은 다른 사람이 아니다.

일어나자, 싸우자.

와서 나아가자. 들어가자, 한성으로!

대한독립만세!

혁명청년만세!

이상의 격고에서 병인의용대는 사회주의자들과의 연대 투쟁을 강조하고 있다. 이는 나창헌이 이후 유일당 운동에 참가할 수 있는 배경이 되었다.

나창헌은 총사령대장직의 이유필에 이어 행동대의 총지휘관 격인 부대장의 중임을 맡았다. 그 밖에 부대장(참모격) 최창식, 부대장(부장격) 박창세였고, 대원은 고준택·강창제·곽병하·김사화·최병선·장영환·김광선·홍재익 등이었다.

병인의용대의 의열투쟁은 국내외에서 전개되었다. 첫 번째 암살대상은 상해에서 암약하는 일제의 밀정과 주구에 대한 처단이었다. 상해 인성학교에서 1926년 1월 29일에 소집된 병인의용대 대원총회에서 부대장 나창헌은 일제 밀정 박제건朴濟乾을 처단해야 할 제1호 대상으로 결정하였다. 1월 31일에는 제1실행위원으로 최병선崔炳善·장영환張英煥·김광신金光信·박인朴仁 등 4명의 대원을 선출하고, 최병선을 실행대장으로 임명하였다. 그리고 제2의 실행대를 준비해 두었다.

최동윤崔東潤과 박남제朴南濟라는 이명으로도 불린 박제건은 일본 동경의 신한건설당新韓建設黨 당원과 한중협회 회원 등의 정보를 일제에 넘겨 그 소속 당원과 회원들이 일제 경찰에 체포케 하는 데 일조한 밀정으로 독립운동 진영에서는 반드시 처단해야 할 대상이었다. 마침 박제건은 1925년 봄부터 일본 외무성의 명령을 받고 상해 일본영사관에 파견되어 통역관 겸 영사관 경시警視인 미전尾田의 밀정으로 암약하고 있었다.

제1실행위원 4명은 1926년 2월 1일에 상해 공동조계 해녕로海寧路에서 권총으로 박제건을 사살하였다. 최병헌과 장영환은 현장에서 공동조계경찰에게 체포되었다. 이어 병인의용대는 1926년 2~3월에 걸쳐 일본영사관 밀정인 염익지廉益智와 이수봉李秀鳳 등을 포함한 4명을 처단하였다.

병인의용대 대원 이영선李永善은 상해 일본총영사관(총영사관) 순사인 내굴內屈을 처단하기 위해 상해 공동조계에 있는 일본 음식점 승전관勝田館으로 유인하였다. 그러나 일본인 선원 마쓰모토松本를 내굴로 오인하여 처단함으로써 내굴을 처단하는 데는 실패하였다.

이어 병인의용대는 국내의 독립운동단체와 연계하여 국내에서 일제 식민통치 기관의 폭파나 반일 시위운동을 주도하는 등의 독립운동도 추진하였다. 이는 병인의용대가 조직 이후 바로 상해의 밀정 처단과 함께 국내의 일제 관공서 폭파로 나타났다. 1926년 음력 정초(양력 2월 13일)를 기해 서울로 건물 파괴용 폭탄을 휴대한 청년 4명을 파견한 것이었다. 이들은 중국 안동현에 전선통신소全鮮通信所를 설치하고 활동하였지만 소기의 성과를 거두지는 못하였다. 이러한 병인의용대의 활동은 1926년 3월 1일 기념일을 기하여 대원을 국내로 파견한 것으로 볼 수 있다.

　나창헌은 융희황제(순종)가 1926년 4월 25일에 승하하자 4월 말부터 국내에서 3·1운동 같은 일대 거사를 준비하였다. 5월 9일에 열린 병인의용대 최고간부회의에서 융희황제 국장을 기해 즈선총독부 총독을 비롯한 일제 고관을 처단하기로 결의하였다. 그리고 나창헌은 이유필 등과 거사를 앞두고 간도 지역에서 상해로 파견된 독립군 10여 명과 협의하고 국내의 천도교 세력과도 연락을 취하며 거사를 추진해 갔다.

　병인의용대는 1926년 6월 10일로 예정된 융희황제의 인산일因山日(왕의 장례식)에 맞추어 의거를 수행하기 위해서 김광선金光善(별명 김광손金光孫)·이영전李英全(별명 김덕삼金德三)·고준택高俊澤·김석룡金碩龍 등 4명의 대원을 국내에 파견하였다. 파견대원들은 중국인으로 변장하고 권총 2정, 폭탄 2개, 다수의 격문 등을 가지고 6월 1일에 중국 상선 순천호順川號에 승선하였다. 그러나 상해의 황포탄 하류에서 일본총영사관 경찰이 수상경찰을 동원하여 파견대원 4명을 체포하여 의도하였던 목적은 달성하지 못하고 말았다.

　상해 일본총영사관 감옥에 감금된 파견대원들은 4개월 동안 모진 고문을 당하였다. 고문의 고통과 굴욕감을 이기지 못한 이영전은 6월 7일 새벽에 목매어 자결하였고 나머지 대원 3명은 5년 징역형을 받고 옥고를 치렀다.

　병인의용대의 1926년 6·10만세운동 계획은 상해의 조선공산당 임시상해부와 대한민국 임시의정원과도 밀접한 연계를 가지고 진행되었다. 또한 임시상해부를 통한 국내 조선공산당 및 천도교 세력과 연결되어 추진되었다. 요컨대 병인의용대가 융희황제 국장일에 조선총독 등 일제 고관을 처단하려는 계획은 간도 지역 독립군과 연계하였고, 상해 임시정부를 통해 국내 천도교 세력과도 연결되어 추진되었다.

이어 병인의용대는 총영사관에 대한 공격을 계획하였다. 총영사관이 임시정부 요인들은 물론 독립운동가들과 한인 동포들을 탄압하던 총본부였기 때문이다. 나창헌은 병인의용대원들을 지휘하여 세 차례에 걸쳐 총영사관에 폭탄투척 의거를 감행하였다.

첫 번째 거사는 1926년 4월 8일에 단행되었다. 나창헌은 김광선金光善·김창근金昌根·이수봉李秀峰 등 3명의 대원으로 하여금 총영사관과 부속 건물에 폭탄 2개를 투척하도록 하였다. 이때 나창헌은 이들의 작전을 직접 지휘하는 한편 직접 폭탄을 제조하였다. 비록 총영사관을 폭파하려는 본래의 목적은 폭탄의 위력이 기대에 미치지 못해 달성하지 못했지만, 유리창의 일부가 대파되었고 영사관 내의 기물이 상당수 파괴되었다. 이 거사는 일제 경찰에 체포된 장진원과 최병선 대원의 배후에 막강한 비밀단체가 있으니 보복이 두렵거든 두 대원을 학대하지 말라는 뜻을 내보이려는 의도도 있었다.

두 번째 거사는 1926년 9월 15일에 이루어졌다. 나창헌이 직접 제작한 시한폭탄을 중국인 서윤쌍徐倫雙에게 주어 총영사관의 폭파를 기도한 것이었다. 그러나 폭탄이 영사관 문 앞에서 폭발하여 실패로 끝났다. 일제 경찰은 폭탄 파편을 수거해 폭탄구조를 분석한 결과 4월에 총영사관에 던진 폭탄보다 크고, 직경은 6촌에, 길이 1척尺 이상이며 철편은 3분으로 귀갑형龜甲形이라 발표하였다. 그리고 권총 탄환 100개를 넣어 폭발력을 강화하였고, 정한 시간이 되면 자연히 기계적으로 폭발되도록 한 시한폭탄이라고 밝혔다. 일제는 총영사관의 폭탄투척 의거가 한국 독립운동가들의 주도로 이루어진 것을 탐지하고 그 주도자로 나창헌과 강창제를 지목하였다.

세 번째 거사는 강창제·김창근·이수봉 등이 이지선李枝善이 만든 시한폭탄을 1926년 말경에 총영사관에 투척하여 창고 건물을 폭파시키고 일본 경찰 2명에게 중상을 입히는 성과를 거두었다.

이와 같이 계속된 병인의용대의 폭탄투척 거사로 말미암아 일제는 총영사관의 시설보완과 경비를 한층 강화하였다. 총영사관에서도 충분히 경계하기로 하고 우선 경찰보조원 1명을 증원하여 감옥의 감시를 엄하게 하였고, 정문을 폐쇄하여 출입구를 후문 1개소로 하고 이곳에 순사 2명을 더 배치하여 입문자를 감시하게 하였다. 또 수시로 영사관 밖을 순시하게 하였다.

이 세 번에 걸친 거사는 비록 총영사관 폭파라는 소기의 성과를 달성하지는 못하였지만, 일제 식민통치의 실상을 폭로하고 한민족의 독립의지를 널리 알리는 데 충분히 기여하였다. 이것이 바로 의열투쟁이 목적하는 바이기도 하였다. 의열투쟁의 진정한 의미는 메시지 전달에 있는 것이지 인명의 살상에 있는 것이 아니기 때문이다.

이와 같이 병인의용대는 1926년 창립과 동시에 1년여 동안 국내외에서 맹렬한 의열투쟁을 벌었다. 그러나 1927년부터 이후 5년간 병인의용대의 활동은 정지되기에 이르렀다. 이는 독립운동 내부의 관심과 역량이 민족유일당 운동 촉성문제로 집중되었으며, 임시정부가 의열투쟁을

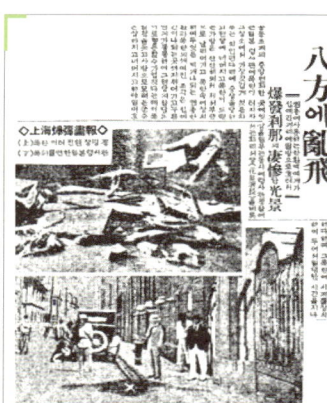

병인의용대 단장 나창헌 탈주 (동아일보 1926. 9. 24.)

상해 일본총영사관 폭격범 나창헌 탈주 (동아일보 1928. 2. 15.)

지원할 재정적 지원을 전혀 할 수 없었기 때문이다. 그리고 병인의용대 단장인 나창헌이 일제의 추적을 피해 항주로 피신하였고, 잇따른 거사로 인해 대원들이 발생하여 사기가 크게 저하되었기 때문이기도 하였다.

1931년 9월 18일 일제가 만주사변을 일으키며 본격적으로 중국 대륙 침략을 본격화하면서 의열투쟁도 새로운 국면에 들어섰다. 그것은 대한민국임시정부의 특무조직인 한인애국단의 이봉창 의거와 윤봉길 의거가 기폭제가 되었다.

이러한 가운데 병인의용대도 1933년 초부터 재건을 모색하였다. 병인의용대의 조직은 대장 박창세, 부대장 강창제, 서기 이수봉李秀峰, 대원 김창근金昌根·이경산李景山·이운환李雲煥, 예비대원 유일평劉一平 등으로 구성되었다. 그리고 병인의용대는 1933년 6월에 조직 체제를 재정비하여 일제에 대한 의열투쟁을 강화하기 위해 대헌을 개정하였다. 나창헌을 주축으로 박창세·강창제·이수봉 등이 주도한 개정된 병인의용대 대헌의 내용은 다음과 같다.

제1조 본대는 한국병인의용대라 명한다.
제2조 본대는 왜적의 모든 시설을 파괴하며 국내외의 반혁명분자를 숙청하며 민족적 대단결에 노력하여 한국의 독립을 완성하기로 목적한 비밀결사다.
제3조 본대 대원은 본대 강령을 찬성하는 한국 남녀로서 모험성과 용기와 능력을 겸비한 자를 간부회의에서 허입한다.
제4조 본대 대원은 대의 명령을 절대 복종하며, 대의 비밀을 절대엄수하

는 의무가 있다.

제5조 본대 간부는 대장 1인, 대부隊副 1인, 참모 약간인을 두되 대원총회에서 선임한다.

제6조 본대에 대원총회와 간부회를 둔다.

제7조 본대에 약간의 부서를 설치한다.

제8조 본헌 제4조를 위반한 시는 극단 처치를 암행한다.

제9조 본대 대원은 신입대원 3인 이상을 보증하여 추천할 의무가 있다.

제10조 본대의 경비는 대원의 의무금과 유지의 의연금으로 한다.

제11조 본대 대칙은 간부회의의 제의로 대원총회에서 제정한다.

제12조 대헌 개정은 필요로 인할 시는 전대원 3분의 1 이상의 제의로 대원총회에서 행한다.

제13조 본헌은 기원 4266년(1933) 6월 1일부터 시행하고 대한민국 8년(1926) 1월 1일에 선포한 대헌은 동시에 폐지한다.

병인의용대가 대헌을 개정한 이유는 조직 체제를 정비하여 의열투쟁을 강화하기 위해서였다. 병인의용대는 결성 이후 1930년까지 의열투쟁 과정에서 상당수의 대원이 일제에 체포되었다. 그리고 1932년 4월 29일 윤봉길의 의거 이후에 병인의용대 대원들은 일제의 추격을 피해 항주와 남경 등지로 피신하여 세력이 약화되어 있었다.

병인의용대의 창설 당시에 제정한 대헌과 1933년에 개정된 대헌을 비교하면 세 가지의 차이점이 있다. 우선 첫째로는 명칭이 한국병인의용대로 개칭되었다는 것이다. 이미 병인의용대라는 비밀결사가 일제에 드러난 이상 국호를 앞에 붙임으로서 한국의 독립단체라는 것을 강조한 것으로 추정된다. 그리고 당시 국외 좌우익 전선의 통일운동에서 임시정부를 지지하는 단체임을 표명한 것으로 보인다.

둘째로는 병인의용대의 목적이 일제의 모든 시설과 기관의 파괴, 밀정과 주구배의 처단이라는 것에는 차이가 없다. 병인의용대 결성 당시에는 파괴와 처단 목적이 임시정부 옹호 차원에서 진행된 측면이 강하였다. 그러나 개정된 대헌에서는 민족적 대단결을 통한 한국의 독립을 최종 목적으로 하고 있다. 이는 병인의용대가 1930년대 초반에 진행된 한국대일전선통일동맹의 결성과 결부하여 좌우익 민족통일전선을 추구하였다는 것을 보여 준다.

병인의용대는 반공산주의 활동을 꾸준히 전개하였다. 이는 1930년 7월자로 재중국한인청년동맹의 제1구 상해지부가 「제국주의의 주구화한 재상해 민족 파시스트의 정체를 폭로한다(부제: 병인의용대를 전제로 하는 야수적 강도행위에 대한 공개장)」는 격문에서 잘 나타난다. 이 격문에 의하면 병인의용대는 임시정부와 한국국민당과 같이 임시정부의 해체를 주장하는 사회주의 세력에 대한 반대를 분명히 하고 있다. 이와 같이 이념 측면에서 우익의 입장을 고수하였던 병인의용대가 통일전선운동에 뛰어 들었다는 것은 이념을 초월하여 민족혁명운동으로 노선을 변경하였음을 의미한다.

셋째로는 결성 당시에는 참모부·사령부·경리부로 세분된 실행기구가 설치되었으나 개정 대헌에서는 약간의 부서를 둔다고만 명시하였다. 아울러 여자도 입단할 수 있도록 하였고, 입단 연령을 명시하지 않았다.

간부진을 축소하였으며 기존대원에게 신입대원 3명을 보증하여 추천할 의무를 지게 하였다. 그리고 간부를 대원총회에서 선출하도록 한 것 등의 차이가 있다. 이는 병인의용대라는 조직의 효율적 운용을 목적으로 한 것이면서도 그만큼 병인의용대 세력이 축소되었음을 반영하는 것이기도 하였다.

좌우익 통합운동에 노력하다

총영사관은 연이은 폭탄투척 의거와 밀정 처단의 배후로 병인의용대 대장 나창헌을 지목하고 그의 체포에 전력을 기울였다. 여기에 프랑스 조계 당국의 압력까지 더해져 나창헌은 1926년 말에 항주로 거주지를 이주하였다. 이곳에서 그는 의사로서의 본업인 폐요병원을 운영하면서 독립운동의 재기를 모색하였다. 이 시기는 국민대표회의가 결렬되어 민족운동의 최고기관을 조직하는 것에 합의하지 못한 뒤 민족유일당 운동이 촉진되고 있었다.

안창호는 1926년 7월 8일 삼일당에서 '우리의 혁명운동과 임시정부' 란 주제로 연설을 하였다. 그는 민족혁명은 일제의 압박에서 벗어나 자유롭게 살기 위한 전 민족운동이라고 규정하였다. 독립 후 국가 정체는 다수 민중의 의사로 결정할 것과 독립을 향한 민족의 총역량을 담당할 독립당을 조직하자고 요구하였다. 그리고 안창호는 북경의 원세훈元

> 韓國唯一獨立黨上海促成會綱領規約及細則
>
> 綱領
> 一, 本會ハ韓國ノ唯一ナル大獨立黨ノ成立ヲ促進ス
> 一, 本會ハ韓國獨立ニ必要ナル民族的一切革命力量ノ總集中ニ努力ス
>
> 規約
> 一, 本會ハ韓國唯一獨立黨上海促成會ト稱ス
> 二, 本會ハ本會ノ綱領ヲ實行スルニ必要ナル諸般ノ事業ヲ爲ス
> 三, 本會ノ會員ハ上海ニ在留スル韓國獨立運動者ヲ以テ組織ス
> 四, 本會ハ事業進行ノ爲メニ執行委員二十五人ヲ置ク 執行委員ハ大會ニ於テ之ヲ選任ス 但シ大會開會中執行委員ノ解任及ヒ補缺ヲ爲ス場合ハ執行委員會ニ依リ之ヲ自ラ行ヒ得ルモノトス

한국유일독립당상해촉성회 강령규약급세칙선언(『사상월보』, 제1권 제11호, 1927)

世勳·장건상張建相·배천택裵天澤 등과 협의하여 1926년 10월 16일에 대독립당조직 북경촉성회를 조직하였다. 그리고 북경촉성회는 "한국혁명 동지는 당적으로 결합하자, 민족혁명의 유일전선을 만들자, 전 세계 피압박 민중은 단결하자"는 내용의 선언서를 발표하였다.

이렇게 민족유일당 운동을 조직할 것과 민족운동 전선에서 유일한 전선을 만들 것을 제기되면서 유일당 운동은 번져 나갔다. 임시정부 국무령 홍진洪震도 1926년 9월 27일에 임시정부 부서조직 규정을 제정하고 "비타협적 자주독립운동을 진작하자, 전민족 대당체를 건립하자, 각 피압박 민족과 대연맹을 체결하고 기타 우의의 국교를 증진하자"는 3대 강령을 시정 방침으로 발표하였다. 그 뒤 홍진은 대중 결합의 당적 기초 위에서 우리의 정치기관은 마땅히 당의에 복종하는 집행기관이 되어야 함을 역설하였다. 그리고 한국유일독립당 상해촉성회를 발기하기 위해 임시정부 국무령을 사임하였다.

홍진

김구

북경촉성회의 조직에 이어 1927년 3월 21일에는 상해에서 한국유일독립당 상해촉성회가 창립되었다. 상해촉성회는 임시정부 유지파 등의 민족주의자와 화요파·상해파 등의 사회주의자 150명이 참여함으로써 좌우합작체의 성격을 가졌다.

홍진의 뒤를 이어 임시정부 국무령에 취임한 김구를 수반으로 하는 임시정부도 헌법 개정에 착수하였다. 그 결과 임시의정원은 1927년 2월 15일에 대한민국 임시약헌을 통과시켰고, 임시정부는 이를 3월 5일에 공포하였다. 대한민국 임시약헌에서 정부체제는 대통령과 국무령 등의

정부 수반을 없애고 완전한 회의체의 지도체제인 국무위원제로 개편되었다. 그리고 헌법의 적용 범위를 광복운동자로 한정하고 독립운동자가 대단결한 정당이 완성될 때는 최고 권력이 그 당에 있을 뿐만 아니라 대한민국 임시약헌의 개정도 이 당에서 개정한다고 규정하였다. 임시약헌에서 당시 민족운동 전선에서 광범위하게 제기되고 있던 민족유일당 조직운동을 수용한 결과였다.

상해촉성회는 전 민족적 유일당의 조직을 촉성할 것과 민족의 독립을 위해 역량을 집중할 것 등을 강령으로 정하고 집행위원 24명을 선출하였다. 집행위원은 임시정부 국무령 김구와 국무위원 윤기섭·이규홍·김철·오영선·김갑 등의 민족주의자 16명과 홍남표洪南杓·조봉암曺奉岩·현정건玄鼎健 등 사회주의자 8명으로 구성되었다.

나창헌도 이때 민족주의자로 집행위원에 선출되었다. 나창헌은 임시정부 국무위원들도 상해촉성회에 참가하자 이에 따라 유일당 운동에 참석하였다고 할 수 있다. 그러나 임시정부가 헌법을 개정하여 민족운동 전선의 모든 세력이 대동단결하여 유일당이 결성되면 그 당에 대하여 최고권력의 지위까지 부여한다고 하였지만 '당'이 임시정부를 대체한다는 의미는 아니었다. 그것은 임시의정원의 역할과 지위를 대체하는 것이었다. 요컨대 임시의정원이 가진 임무와 권한을 대동단결의 유일당으로 이관하며 임시정부는 독립운동 전선의 최고기관으로 여전히 존속하는 것이었다.

한국유일독립당 상해촉성회 집행위원 25명은 '본회는 한국의 유일한 대독립당 성립을 촉성함, 본회는 한국독립의 필요한 민족적 일체 혁명

역량의 총집중을 노력함'이라는 강령을 포함한 유일독립당 조직을 목적으로 한 선언서를 1927년 9월에 발표하였다. 그리고 북경과 상해에 이어 무한(7월 초순)과 남경(9월 27일) 등지에서도 한국독립당 촉성회가 결성되었다.

  1927년 11월 22일 상해에서 북경·상해촉성회와 의열단이 주도해 조직한 대독립당조직 촉성회, 한국유일독립당 무한촉성회, 한국유일독립당 남경촉성회 등의 대표들이 모여 한국독립당 관내촉성회연합회(이하 연합회)를 결성하였다. 연합회는 향후 6개월 동안 만주·노령·미주에서도 촉성회가 설립되도록 전력을 다하고 각 지역의 촉성회를 연합해 창당 주비회를 조직할 것을 활동 목표로 설정하였다. 1927년 12월 4일에는 5개 촉성회의 한인청년회 대표들이 중심이 되어 중국본부한인청년동맹(이하 중본한청)을 창립하고 연합회 활동의 전위를 자임하였다. 중본한청은 만주의 7개 청년단체들과 중국 길림성 반석현에서 1928년 4월 20일에 발기대회를 개최하고 5월 27일에는 재중국한인청년동맹(이하 재중한청)을 조직하였다. 이로써 중국 지역에서 민족유일당 조직을 목적으로 한 청년 단체의 통합 조직이 마련되었다.

  그러나 사회주의 세력은 1928년부터 자신들의 주도하에서 민족유일당을 혁명정당으로 발전시키려 전망한 반면, 민족주의 세력은 이당치국의 원리로 임시정부를 강화하여 독립운동 전선을 통일시키고자 하였다. 결국 두 세력의 주도권 다툼과 노선 차이로 각지에서 결성된 한국유일독립당 촉성회가 해체되었다. 결국 연합회로 통합된 유일당 운동은 사회주의 세력들이 상해촉성회에서 1929년 10월 26일에 탈퇴하면서 새로운 국면을 맞이하게 되었다. 사회주의 세력은 상해촉성회의 해체 결의와 동시에 유호한국독립운동자동맹留滬韓國獨立運動者同盟(이하 유호한인동맹)을 조직하였다.

상해촉성회 해체 모임에 참가한 민족주의자 이동녕과 조완구 등은 유호한인동맹의 조직 과정에서 표면적으로는 동향회同鄕會 등의 이름을 사용하여 다른 목적을 가진 것처럼 위장하여 실제로는 독립운동을 전개하는 단체를 결성하자고 주장하였다. 그러나 민족주의자들은 사회주의자들이 주도한 유호한인동맹에 참가하지 않았다. 대신 임시정부 인사와 흥사단세력이 중심이 되어 1930년 1월에 한국독립당을 결성하고 한중연합전선을 통한 반일 전선의 형성에 전력을 기울였다.

흥사단을 매개로 활동하다

나창헌은 1924년에 상해 흥사단 원동임시위원부興士團遠東臨時委員部(이하 원동위원부)에 가입하고 흥사단 단원이 되었다. 나창헌은 유일당 운동이 분열되자 흥사단을 중심으로 활동을 이어갔다. 흥사단은 안창호가 미국 샌프란시스코에서 무실역행務實力行을 통해 민족의 실력을 키우고 충의용감으로써 독립을 달성한다는 목적으로 1913년에 조직한 단체였다.

안창호는 독립운동의 지도기관으로서 실질적 독립운동을 지도할 수 있는 혁명운동 본부의 위상을 갖는 독립당을 전망하였다. 그러나 3·1운동이 일어난 뒤에 다수의 의견에 따라 이미 임시정부 수립운동이 전개되었으며, 나창헌은 임시정부에 참여하게 되었다.

1919년 5월 25일에 상해에 도착하여 대한민국임시정부를 중심으로 하는 대동단결을 추진하였다. 그러나 상해 임시정부와 노령의 대한국민의회와의 통합 과정에서 임정의 위치 문제, 독립운동 노선의 차이 등으

홍사단 단소에서의 안창호(1925. 6.)

로 대한국민의회는 통합운동에 불참함으로 임시정부는 완전한 통합정부에 이르지 못하였다. 한인사회당 대표 이동휘가 1919년 11월에 임시정부 국무총리로 취임함으로써 부분적 통합정부의 성격을 띠었으나 국외 각지의 한국인 사회의 동의를 얻어 선출되지 않았기에 실질적 대표성이 없이 출발한 한계를 가질 수밖에 없었다.

더욱이 1920년에 들어오면서 대통령 이승만과 국무총리 이동휘의 노선 차이로 인한 갈등과 각부 차장들의 정부 개혁 요구와 대통령 이승만 불신임안 제출로 내부 분열이 심화되어 갔다. 상해 정국은 임시대통령 이승만이 상해에 도착하여 임정 내분을 수습하기 위한 논의가 진행되었다. 1921년 1월 5일부터 세 차례의 국무회의가 열려 임정의 국무위원제도로의 변경 등의 문제에 대해 논의하였다. 여기서 이승만은 임정의 현상 유지책을 내세우며 임정의 제도에 대한 그 어떤 개혁과 변경안도 거부하였다. 결국 1921년 2월 국무총리 이동휘를 시작으로 5월 안창호 등이 임정을 탈퇴함으로써 임시정부는 통일적 독립노선과 지도력을 발휘할 수 있는 기능과 역할을 상실하였다.

안창호는 1920년 1월부터 원동위원부 조직 구성에 착수해 같은 해 9월 20일에 공식적으로 결성하였다.

나창헌이 흥사단에 정식 입단한 때는 1924년 6월 17일이다. 그러나 이에 앞서 1920년 5월 1일경에 안창호를 만났으며, 안창호로부터 혁명당 간부조직 취지에 대한 설명을 들었다. 이후 여러 차례 안창호를 만났다. 나창헌의 순수한 열정과 충정을 높

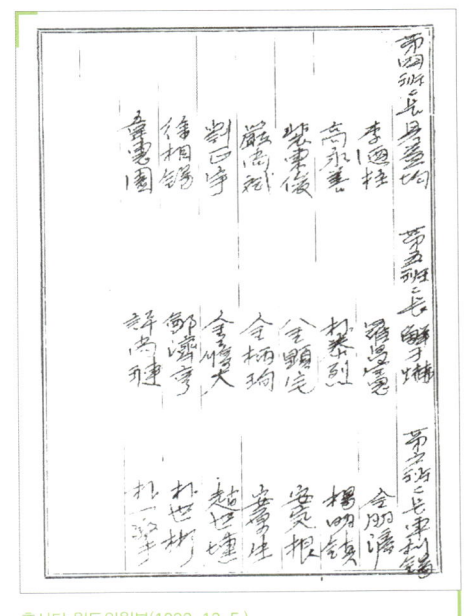

흥사단 원동위원부(1932. 12. 5.)

이 산 안창호는 원동위원부에 입단할 것을 권유하였다. 또한 안창호는 6월 13일부터 철혈단원 나창헌과 김기제가 임시정부 내무부 경무국원 사이의 무력충돌로 병원에 입원하였을 때 위문하여 서로의 오해를 풀게 하게도 하였다.

나창헌은 이 무렵부터 안창호가 주도한 흥사단과도 관계를 가졌을 것으로 보인다. 나창헌은 철혈단을 탈퇴한 후 노병회와 인성학교 등에서 활동하며 임시정부 중심의 활동을 하기 시작하였다. 한편 원동위원부는 1920년 12월 6일에 반장회를 개최하여 임시원동위원부 규정안과 임시원동편집국 규정안 등을 통과시키며 조직화해 나갔다. 그리고 안창

호는 상해 이외에 북경·남경·천진 등을 방문하여 적극적으로 흥사단원을 모집하였다. 특히 중국에 체류 중인 청년학생층을 입단시켜 흥사단 각반에 소속시키고 매월 월례회와 수시로 강론회를 개최하여 단원 간의 방략과 의견을 합치시켜 나갔다.

안창호는 나창헌이 흥사단에 입단할 무렵인 1924년 7월경에 미국을 방문하고 1926년 5월 하순경에 상해로 돌아왔다. 이후 나창헌은 안창호와 함께 민족유일당 운동에 참가하였다. 그러나 유일당 운동이 좌절되자 그는 본격적으로 흥사단에서 활동하기 시작하였다. 이후 1928년 8월 21일에 열린 흥사단 제15회 원동대회에서 운동위원으로 활동하였고, 1930년에 열린 제17회 원동대회에서 통상회원으로 원동제2반 소속이었다. 그리고 1931년에는 원동제4반 소속이었으며 1932년에는 원동제5반 소속으로 활동하였다.

나창헌은 1930년에 일제의 검거망을 피해 항주로 이동하여 서호폐병요양원西湖肺病療養院 의사로 있으면서 흥사단 활동에 매진하였다. 그러던 중에 안창호가 윤봉길 의거 이후 일제 경찰에 체포되자 다시 일제의 추적을 피해 중국 사천성四川省 만현萬縣으로 갔다. 여기에서 만현의원을 경영하면서 독립운동을 계속하였다.

흥사단 영수 안창호가 체포되자 원동위원부의 활동도 위축되었다. 그러나 원동위원부 위원장 대리로 임명된 송병조의 지도로 각반 연석회의를 열어 지속적으로 사업을 진행할 것을 결의하였다. 그리하여 상해 프랑스 조계의 기독교 청년회관에서 제19회 흥사단 원동대회가 1933년 1월에 개최되었다. 나창헌도 이 대회에 참석하였다. 20여 명의 단원들이 참석한 가운데 개최된 이 대회에서는 일부 단칙의 개정, 작년도 사무보고, 안창호 체포의 전말 등에 대한 보고와 결의가 있었다. 이때 나창헌은 흥사단 원동반 제5반 반원에 소속되었다.

병인의용대를 재건 중 서거하다

나창헌은 1933년 7월에 다시 상해로 와서 1개월 동안 머무르며 병인의용대의 재건을 위해 힘썼다. 그 결과 예전의 동지들이 다시 모여 병인의용대를 부흥시켜 박창세를 대장으로 선임하고, 강창제를 부대장으로 선임하였다. 이렇게 병인의용대를 재건한 뒤, 의열투쟁 노선을 따라 친일밀정 처단 등의 활동을 전개하여 갔다.

병인의용대는 결성 초기에 간부회의와 대원총회라는 결의기구와 참모부·사령부·경리부의 실행기구로 구성되어 있었다. 그러나 1933년 9월경에는 대장·부대장·서기·일반 및 예비대원으로 간소화되었다. 이는 일제의 지속적인 감시와 대원들의 검거로 인해 적임자를 찾기 힘든 것과 재정적 곤란 등을 고려한 조직체계라 할 수 있다.

병인의용대원 김창근은 남경에서 김동우(본명 나종균)로부터 "상해 일본총영사관에 근무하는 후지이藤井 경부보가 우리 혁명투사를 체포함이

혹심하므로 살해하라"는 명령을 받았다. 그리하여 김창근은 상해로 돌아와 자택에서 폭탄 1개를 제조하여 상해 공동 조계지에 소재한 등정 경부보 관사 정문에 폭탄을 장치한 뒤 그가 외출할 때 폭사를 기도하기도 하였다. 이같이 나창헌의 의열투쟁 노선은 재건 병인의용대에 의해 지속적으로 계승되어 갔다.

중국 사천성 만현에서 만현의원을 경영하면서 계속 독립운동을 지속한 나창헌은 1936년 봄부터 위암 증세가 나타났으나 말기에 접어들어 그해 6월 26일에 40세의 나이로 서거하였다. 나창헌은 혁명을 완수하지 못하고 병으로 죽어야 하는 자신의 처지를 아쉬워하였다. 그리고 동지들에게 혁명 역량을 집중하여 민족해방을 성취하기를 기원하는 유언을 다음과 같이 남겼다.

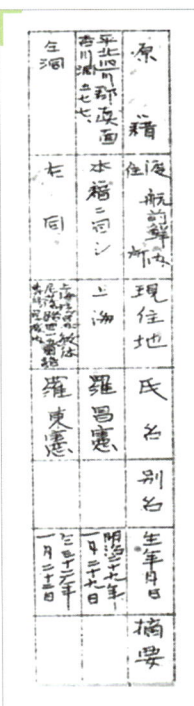

나창헌과 그의 동생 나동헌이 기록된 해외요주의선인연명부

> 우리 당 내부는 상호 반동하는 일 없이 최후의 시험은 단결이므로 가능한 한 상부상조하여 혁명이 완성될 때까지 한층 노력 분투할 것. 나는 동지들과 함께 우리 당의 혁명공작에 노력하지 못하고 병 때문에 죽는 일은 참으로 유감이다. 우리 동지들은 혁명역량을 집중하여 분투하기 바란다.

나창헌 씨 별세 (『한민』 1936. 7. 30.)

故 나창헌 씨의 왕년을 추억함 (『한민』 1936. 9. 30.)

대한민국 정부는 나창헌의 공적을 기리기 위해 1993년에 건국훈장 국민장(1995년 독립장)에 추서하였다. 그리고 1993년 12월 20일 유해가 되어 서울동작동국립묘지에 하루 있었다가 그 다음 날 대전국립묘지 애국지사 묘역에 안장되었다.

나창헌의 삶과 자취

1897	1월 평북 희천군에서 아버지 나지흥과 어머니 왕 씨 사이에서 출생. 별명 나세웅, 강우규, 왕성준, 정궤
1905	희천일신학교 입학(~1908)
1908	영변보통학교 입학(~1909)
1909	평양고등학교 수업(~1910)
1910	경성교원양성소 수업(~1913)
1913	일신학교 교원(~1914)
1914	영변창의학교 교원
1916	동경최면학회·일본정신연구회·중촌최면실 등 기합술연구소 졸업(1914~), 경성의학전문학교 수업(~1919)
1919	일본수영대학과 졸업 2월 서울 승동예배당에서 만세운동 계획을 위한 제1회 학생간부회의에 참석함. 서울 이필주의 집에서 학생대표들과 3·1만세운동 참가와 제2회 만세운동을 계속 추진하기로 결의 3월 서울 탑골공원에서 만세운동 참가. 서울 운니동 하숙집에서 일본경찰에 체포됨
1919	병보석으로 세브란스병원 입원 7월 세브란스병원에서 탈출 뒤 조선민족대동단 입단 8월 대한민국청년외교단원으로 국치기념일 만세시위 계획, 인쇄물 배포 책임 맡음

	10월 대한민국임시정부에서 파견된 이종욱 등과 서울에 연통본부를 조직하기로 결정함
	11월 결석재판에서 징역 7개월 받음, 조선민족대동단의 의친왕 중국 망명 계획 참가, 조선민족대동단원으로 독립선언서 집필과 민족대표를 인선하고 종로경찰서 앞에서 제2회 만세운동 거행
	12월 제2회 만세운동으로 예심에 기소되어 1920년 6월 29일 궐석재판에서 징역 3년 받음
1920	1월 신의주와 중국 안동현에 조선민족대동단 지단을 설치하고 장찬식·김응초 등을 입단시킴, 상해 도착한 뒤 조선민족대동단 추밀부 이사로 활동
	3월 조선민족대동단 상무부장으로 무장투쟁을 목적으로 한 갹금권 고문 공포
	6월 철혈단 조직하고 단장으로 활동, 무장투쟁과 독립운동 내부의 부패분자 제거를 목적으로 하는 선언서 발표, 철혈단원 강상선을 구출하기 위해 임시정부 내무부 습격
1922	6월 상해 인성학교에서 개최된 유호청년회 발회식 참석해 철혈단을 다시 조직해 끝까지 결행할 것이라고 표명함
	10월 한국노병회 이사로 선출됨
1924	1월 상해교민단 학무위원회 위원으로 선출됨
	2월 국무위원회 제1회 회의에서 후보국민위원으로 선임됨
	6월 한국노병회 농공부장에 선출됨, 흥사단 입단
	9월 상해 인성학교 시간교사로 초빙됨
1925	2월 대한민국임시의정원 평안도의원으로 선출됨
	3월 임시의정원의원으로 임시대통령 이승만 탄핵결의안 제출, 임시의정원 임시대통령 이승만 심판위원장, 심판위원장으로 이승만 면

	직 심판함
	4월 대한민국임시정부 내무부 차장
	6월 정위단을 조직하고 단장으로 불량분자 처단을 목적으로 하는 선언 발표함
	10월 상해교민단 의사원으로 선출됨
1926	1월 병인의용대를 조직하고 일제의 모든 시설과 관리 및 밀정 처단을 목적으로 한 창립선언서를 공포함, 상해의 일제 밀정 박제건 처단을 계획하고 2월 1일에 처단함
	2월 서울로 일제 관공서 폭파 목적으로 청년대원 4명을 파견함
	2~3월 상해에서 활동하는 일본총영사관 밀정 염익지·이수봉 등 4명을 처단함
	4월 대원 김광선·김창근·이수봉 등이 상해 일본총영사관에 폭탄 투척, 이때 직접 폭탄 제조함, 상해 일본총영사관 순사 내굴 처단 계획
	6월 순종황제 장례식에 맞춰 조선총독부 총독 등 처단하기 위해 대원 김광선·이영전 등을 파견함
	9월 직접 제조한 시한폭탄을 중국인 서윤상에게 주어 일본총영사관 폭파를 기도함
1927	강창제·김창근·이수봉 등이 이지선이 만든 시한폭탄을 일본총영사관에 투척함
	4월 한국유일독립당 상해촉성회 집행위원으로 선출됨
1928	8월 흥사단 제15회 원동대회에서 운동위원으로 선출됨
1930	항주에서 서호폐병요양원 경영, 흥사단 제17회 원동대회에서 통상회원이 되어 원동 제2반 소속으로 활동함
1931	흥사단 원동 제4반 소속
1932	흥사단 원동 제5반 소속, 중국 사천성 만현에서 만현의원 경영

1933	1월 흥사단 제19회 원동대회 원동 제5반 소속으로 활동함
	7월 병인의용대 재건
1935	12월 재건병인의용대 김창근이 일본총영사관 등정 경무보 폭사 기도
1936	6월 신병으로 별세
1963	건국훈장 국민장(독립장) 추서
1993	12월 유해가 봉환되어 서울동작동국립묘지(현 국립서울현충원)에 임시 안치, 대전국립묘지(현 국립대전현충원) 애국지사 제1묘역 – 29에 안장

참고문헌

자료

한국

- 「請願書」光武 11년 3월 12일(한국사데이터베이스).
- 『대한민국임시정부자료집』1, 국사편찬위원회, 2005.
- 『독립』.
- 『獨立新聞』.
- 『東亞日報』.
- 『每日申報』.
- 『朝鮮日報』.
- 『熙川郡誌』, 1981.
- 韓國國民委員會, 「國民委員會公報」第一號, 四千五百十七年七月十日.

일본

- 「大同團이 배부한 불온인쇄물의 건」, 『不逞團關係雜件-鮮人의 部-在上海地方』2, 1920. 4. 1.
- 「留滬靑年臨時大會 開催狀況의 件」, 『不逞團關係雜件-鮮人의 部-在上海地方』4, 1922. 6. 14.
- 「不逞鮮人羅昌憲死亡ニ關スル件」, 『日本外務省特殊調査文書』27, 1936. 7. 13.
- 「不逞鮮人의 正衛團 組織에 관한 件」, 『不逞團關係雜件-鮮人의 部-在上海地方』5, 1925. 6. 18.

- 「上海假政府와 鐵血團에 관한 件」 1, 『不逞團關係雜件-鮮人의 部-在上海地方』 3, 1920. 6. 29.
- 「인쇄물 송부에 관한 건」, 『不逞團關係雜件-鮮人의 部-在上海地方』 6, 1926. 3. 23.
- 「在上海 不逞鮮人의 議政院 開院式에 관한 件」, 『不逞團關係雜件-鮮人의 部-在上海地方』 5, 1925. 3. 5.
- 「해외요주의선인연명부」, 공훈전자사료관.
- 「형사사건부」.
- 「刑事事件簿」.
- 姜德相 外 編, 『現代史資料』 26·27, 東京: みすず書房, 1967.
- 金正明 編, 『朝鮮獨立運動』 Ⅱ, 東京: 原書房, 1966.
- 在上海日本總領事館, 『朝鮮民族運動年鑑』, 연도 불명.
- 朝鮮總督府 慶北警察部, 『高等警察要史』, 1934.
- 朝鮮總督府警務局, 「上海情報」, 고대 아연자료 문서번호 33, 1925. 6. 18.
- 秋憲樹 編, 『資料 韓國獨立運動』 Ⅱ, 延世大學校出版部, 1972.

단행본
- 「大同團事件」 Ⅱ, 『韓民族獨立運動史資料集』 6, 국사편찬위원회, 1988.
- 「三一運動」 Ⅴ, 『韓民族獨立運動史資料集』 15, 국사편찬위원회, 1991.
- 『大韓民國獨立有功者功勳錄』 5, 국가보훈처, 1988.
- 국사편찬위원회 편, 『韓國獨立運動史』 자료 3(臨政篇 Ⅲ), 탐구당, 1973.
- 국사편찬위원회 편, 『韓國獨立運動史』 三, 정음문화사, 1983.
- 김영범, 「1920년대 후반기의 민족유일당운동에 대한 재검토-중국 關內 지역에서의 경과와 귀추를 중심으로」, 『한국근현대사연구』 1, 한울, 1994.
- 김영범, 『한국독립운동의 역사』 26, 한국독립운동사편찬위원회, 2009.

- 김희곤, 『중국관내 한국독립운동단체연구』, 지식산업사, 1995.
- 대한민국국회도서관 편, 『大韓民國臨時政府議政院文書』, 1974.
- 대한민국국회도서관 편, 『韓國民族運動史料』 中國篇, 1976.
- 대한민국국회도서관 편, 『韓國民族運動史料』 三一運動 篇 1~3, 1977.
- 도산안창호선생 전집편찬위원회 편, 「제178단우 羅世雄」, 『島山安昌浩全集』 8, 2000.
- 독립기념관 부설 한국독립운동사연구소, 『島山安昌浩資料集』 1~3, 1990~1992.
- 독립운동사편찬위원회, 『독립운동사자료집』 11, 1976.
- 박은식 저, 김도형 역, 『한국독립운동지혈사』, 소명출판, 2008.
- 반병률, 『성재 이동휘 일대기』, 범우사, 1998.
- 신복룡, 『대동단실기』, 선인, 2014.
- 이명화, 『도산 안창호의 독립운동과 통일노선』, 경인문화사, 2002.
- 이현주, 『한국 사회주의 세력의 형성 1919~1923』, 일조각, 2003.
- 조동걸, 「1910년대 민족교육과 그 평가상의 문제」, 『한국민족주의의 성립과 독립운동사연구』, 지식산업사, 1989.
- 조동걸, 「한국독립운동의 이념과 방략」 1, 한국독립운동사편찬위원회, 2008.
- 추헌수, 『大韓民國臨時政府史』, 독립기념관 한국독립운동사연구소, 1989.
- 한국근현대사학회 편, 『대한민국임시정부수립80주년기념논문집』 상·하, 국가보훈처, 1999.

논문
- 宮嶋博史, 「민족주의와 문명주의 - 3·1운동에 대한 새로운 이해를 위하여」, 『대동문화연구』 66, 성균관대학교 대동문화연구원, 2009.
- 김희곤, 「韓國勞兵會의 결성과 독립전쟁준비방략」, 『尹炳奭敎授華甲紀念韓國近代史論叢』, 1990.

- 반병률, 「해외에서의 大同團 조직과 활동」, 『한국근현대사연구』 28, 한국근현대사학회, 2004.
- 이명화, 「中國에서의 安昌浩의 獨立運動硏究(1919~1932)」, 홍익대학교대학원 사학과 박사학위논문, 2000.
- 이명화, 「興士團 遠東臨時委員部의 人的 構成과 그 性格」, 『한국근현대사연구』 22, 2002.
- 이정은, 「3·1운동기 학생층의 선전활동」, 『한국독립운동사연구』 7, 1993.
- 이현희, 「6·10만세운동과 대한민국임시정부: 그 관련성의 추적」, 『한국민족운동사연구』 11, 한국민족운동사학회, 1995.
- 장석흥, 「대한독립애국단 연구」, 『한국독립운동사연구』 1, 한국독립운동사연구소, 1987.
- 장석흥, 「大韓民國靑年外交團 硏究」, 『한국독립운동사연구』 2, 한국독립운동사연구소, 1988.
- 장석흥, 「朝鮮民族大同團 硏究」, 『한국독립운동사연구』 3, 한국독립운동사연구소, 1989.
- 장석흥, 「1920년대 초 國內 秘密結社의 성격」, 『한국독립운동사연구』 7, 1993.
- 장석흥, 「나창헌의 생애와 독립운동」, 『한국학논총』 24, 국민대학교 한국학연구소, 2001.
- 조규태, 「大韓獨立共鳴團의 組織과 活動」, 『한국민족운동사연구』 33, 한국민족운동사학회, 2002.
- 조범래, 「丙寅義勇隊 硏究」, 『한국독립운동사연구』 7, 1993.
- 최진옥, 「조선시대 평안도의 생원 진사시 합격사 실태」, 『조선시대사학보』 36, 조선시대사학회, 2006.

찾아보기

ㄱ

강경선 68
강기덕 20, 21
강백규 57
강영근 90
강우규 13
강창제 13, 68, 73, 90, 95, 99, 101
경성교원양성소 13, 14
경성의학전문학교 12, 13
고광원 44
고준택 13, 68, 73, 90, 95, 97
곽병하 95
곽헌 68, 69, 72
구미위원부 45, 58, 70
국민대표회의 54~57, 65, 67
국민위원회 57
권태석 24, 28
권헌복 24
김가진 24, 34, 35, 41, 44
김갑 68, 108
김광선 95, 97, 98
김광신 95
김구 52, 59, 107, 108
김규식 19
김기만 46

김기제 49, 50
김도연 19
김동삼 55
김동우 116
김병탁 87
김봉석 28
김붕준 13
김사화 95
김상덕 19, 47
김상예 35, 39
김석룡 90, 97
김성근 46
김예진 46, 73, 87
김우희 57
김원벽 20, 21
김응초 40
김의한 35, 49
김익하 39
김인전 59
김재은 47
김정근 73
김정목 46
김종진 39
김창근 98, 99, 101, 116, 117
김창숙 55
김철 108

김철수 19
김필열 76
김현구 68, 69, 72
김홍서 59
김홍식 46
김희숙 13

ㄴ

나경헌 11
나대화 30
나동헌 11
나성헌 11
나세웅 13
나장헌 11
나지홍 11
노무용 47
노백린 68, 70
노병회 59
노인단 36

ㄷ

대동단 26~29, 33, 36, 40, 41, 45
대동주의 24
대한독립애국단 36
대한민국임시정부 30, 31, 43, 44, 47, 54, 89, 111
대한의원 15
독립대동단 29
독립선언서 19, 20, 35, 36, 39, 43
동경최면학회 13

ㅁ

문일민 68
민정식(閔庭植) 사건 68
민찬호 18

ㅂ

박경철 57
박규명 73
박남제 95
박영호 76, 77
박용만 44
박원일 39
박윤하 20
박은식 59, 68, 70
박응철 29
박인 95
박제건 95
박창세 73, 95, 101, 116
박희곤 76, 77
박희도 20
방원성 57
배천택 106
백관수 19
백낙현 57
백남규 19
백초월 35
병인의용대 87, 90, 92, 95~97, 99, 102, 103
부인대표 36
북경촉성회 106, 107

ㅅ

3·1운동 17
상해청년동맹회 66
서윤쌍 98
서춘 19
손영직 44
손정도 46, 59, 65
송계백 19
송세호 30, 32, 33
신규식 28
신한건설당 96

ㅇ

아주민족협회 76
안교일 38, 39
안재홍 30, 31
안창호 45, 52, 54, 65, 105, 111, 113, 114
양기하 59
양정 24, 35
여운형 59, 76, 85, 87
연병호 30
염익지 96
영변보통학교 13, 14
영변창의학교 13
오영선 68, 108
왕삼덕 44
왕성준 13
외교시보外交時報 31
유일평 101
유창준 73

윤기섭 43, 66, 108
윤봉길 101, 102
윤자영 66, 85
윤창석 19
융희황제 97, 98
의열투쟁 46, 52, 87, 89, 90, 95, 99, 101, 102, 116
의친왕 33~35
이경도 40
이경산 101
이광수 19
이규홍 68, 108
이도신 11~13
이동녕 45, 67, 68
이동휘 45, 54, 112
이병우 29
이병철 30, 31
이봉창 101
이상룡 72, 77, 79, 85
이수봉 87, 96, 98, 99, 101
이승만 18, 45, 73, 112
이시영 45, 65
이신애 38, 39
이영선 96
이영전 97
이옥 47
이용설 20
이운환 101
이유필 12, 59, 65, 97
이의경 30
이정 35
이종근 19

이종욱 32, 35
이종춘 39
이지선 99
이진산 55
이필주 20
2·8독립선언 17, 18, 20
일본 수영대학과 13
일본정신연구회 13
임득산 13, 46, 88
임수명 29

ㅈ

장건상 106
장덕수 19
장영환 95, 96
장찬식 40
전상무 35
전영택 19
전협 23, 24, 26, 28, 35
정구단 52, 53
정규식 38, 39
정낙륜 30
정남용 23, 24, 28, 29
정위단 73, 74, 87
정인교 57
정한경 18
정환범 49
정희종 39
조권식 57
조동호 59
조봉암 108

조상섭 12, 59, 66
조선민족대동단 23
조소앙 30, 31
조용주 30, 32
주익 20

ㅊ

채원개 68, 69, 72
철혈단 47, 49, 50, 52, 54, 56, 92, 113
청년외교단 31
최근우 19
최동윤 95
최병선 90, 95
최병헌 96
최석순 68, 69, 72
최익환 24, 25, 28, 34
최전구 35
최창식 95
최팔용 19

ㅌ

태영도太瀛道 17

ㅍ

평양고등학교 13, 14
평양일신학교 13

ㅎ

한국노병회 58, 61
한국유일독립당 108
한위건 20
한인애국단 101
현정건 108
홍남표 108
홍재익 95
홍진 65, 107
황학선 47, 52
황학수 57
흥사단 10, 13, 64, 87, 111, 113~115
흥사단 원동위원부 13
흥사단 원동임시위원부 87, 111
희천일신학교 13, 14

의열투쟁에 헌신한 독립운동가 나창헌

1판 1쇄 인쇄 2015년 12월 20일
1판 1쇄 발행 2015년 12월 30일

글쓴이 　　 조철행
기　획　　 독립기념관 한국독립운동사연구소
펴낸이　　 윤주경
펴낸곳　　 역사공간
　　　　　　주소: 서울특별시 마포구 동교로 142-11 플러스빌딩 3층
　　　　　　전화: 02-725-8806, 팩스: 02-725-8801
　　　　　　E-mail: jhs8807@hanmail.net
　　　　　　등록: 2003년 7월 22일 제6-510호

ISBN 979-11-5707-079-4 03900

- 잘못된 책은 바꿔 드립니다.
- 이 도서의 국립중앙도서관 출판예정도서목록(CIP)은 서지정보유통지원시스템 홈페이지 (http://seoji.nl.go.kr)와 국가자료공동목록시스템(http://www.nl.go.kr/kolisnet)에서 이용하실 수 있습니다.(CIP제어번호: CIP2015035808)

역사공간이 펴내는 '한국의 독립운동가들'

독립기념관은 독립운동사 대중화를 위해 향후 10년간 100명의 독립운동가를 선정하여,
그들의 삶과 자취를 조명하는 열전을 기획하고 있다.

001 근대화의 선구자 – 최광옥의 삶과 위대한 유산
002 대한제국군에서 한국광복군까지 – 황학수의 독립운동
003 대륙에 남긴 꿈 – 김원봉의 항일역정과 삶
004 중도의 길을 걸은 신민족주의자 – 안재홍의 생각과 삶
005 서간도 독립군의 개척자 – 이상룡의 독립정신
006 고종 황제의 마지막 특사 – 이준의 구국운동
007 민중과 함께 한 조선의 간디 – 조만식의 민족운동
008 봉오동·청산리 전투의 영웅 – 홍범도의 독립전쟁
009 유림 의병의 선도자 – 유인석
010 시베리아 한인민족운동의 대부 – 최재형
011 기독교 민족운동의 영원한 지도자 – 이승훈
012 자유를 위해 투쟁한 아나키스트 – 이회영
013 간도 민족독립운동의 지도자 – 김약연
014 대한민국 임시정부의 민족혁명가 – 윤기섭
015 서북을 호령한 여성독립운동가 – 조신성
016 독립운동 자금의 젖줄 – 안희제
017 3·1운동의 얼 – 유관순
018 대한민국임시정부의 안살림꾼 – 정정화
019 노구를 민족제단에 바친 의열투쟁가 – 강우규
020 미 대륙의 항일무장투쟁론자 – 박용만
021 영원한 대한민국임시정부의 요인 – 김철
022 혁신유림계의 독립운동을 주도한 선구자 – 김창숙
023 시대를 앞서간 민족혁명의 선각자 – 신규식
024 대한민국을 세운 독립운동가 – 이승만
025 한국광복군 총사령 – 지청천

026 독립협회를 창설한 개화·개혁의 선구자 – 서재필
027 만주 항일무장투쟁의 신화 – 김좌진
028 일왕을 겨눈 독립투사 – 이봉창
029 만주지역 통합운동의 주역 – 김동삼
030 소년운동을 민족운동으로 승화시킨 – 방정환
031 의열투쟁의 선구자 – 전명운
032 대종교와 대한민국임시정부 – 조완구
033 재미한인 독립운동의 표상 – 김호
034 천도교에서 민족지도자의 길을 간 – 손병희
035 계몽운동에서 무장투쟁까지의 선도자 – 양기탁
036 무궁화 사랑으로 삼천리를 수놓은 – 남궁억
037 대한 선비의 표상 – 최익현
038 희고 흰 저 천 길 물 속에 – 김도현
039 불멸의 민족혼 되살려 낸 역사가 – 박은식
040 독립과 민족해방의 철학사상가 – 김중건
041 실천적인 민족주의 역사가 – 장도빈
042 잊혀진 미주 한인사회의 대들보 – 이대위
043 독립군을 기르고 광복군을 조직한 군사전문가 – 조성환
044 우리말·우리역사 보급의 거목 – 이윤재
045 의열단·민족혁명당·조선의용대의 영혼 – 윤세주
046 한국의 독립운동을 도운 영국 언론인 – 배설
047 자유의 불꽃을 목숨으로 피운 – 윤봉길
048 한국 항일여성운동계의 대모 – 김마리아
049 극일에서 분단을 넘은 박애주의자 – 박열
050 영원한 자유인을 추구한 민족해방운동가 – 신채호

051 독립전쟁론의 선구자 광복회 총사령 - 박상진
052 민족의 독립과 통합에 바친 삶 - 김규식
053 '조선심'을 주창한 민족사학자 - 문일평
054 겨레의 시민사회운동가 - 이상재
055 한글에 빛을 밝힌 어문민족주의자 - 주시경
056 대한제국의 마지막 숨결 - 민영환
057 좌우의 벽을 뛰어넘은 독립운동가 - 신익희
058 임시정부와 흥사단을 이끈 독립운동계의 재상 - 차리석
059 대한민국임시정부의 초대 국무총리 - 이동휘
060 청렴결백한 대한민국 임시정부의 지킴이 - 이시영
061 자유독립을 위한 밀알 - 신석구
062 전인적인 독립운동가 - 한용운
063 만주 지역 민족통합을 이끈 지도자 - 정이형
064 민족과 국가를 위해 살다 간 지도자 - 김구
065 대한민국 임시정부의 이론가 - 조소앙
066 타이완 항일 의열투쟁의 선봉 - 조명하
067 대륙의 용맹을 떨친 명장 - 김홍일
068 의열투쟁에 헌신한 독립운동가 - 나창헌